Resposta à pergunta: O que é esclarecimento? E outros textos

IMMANUEL KANT nasceu em 22 de abril de 1724, em Königsberg, Prússia. Estudou filosofia, matemática e teologia na universidade local e trabalhou como tutor privado até 1755, quando recebeu seu título de mestre. Permaneceu como professor por quinze anos, enquanto também trabalhava na biblioteca do palácio, até que em 1770 se tornou professor de lógica e metafísica. Em 1781 publicou seu livro mais famoso, *Crítica da razão pura*, seguido por *Crítica da razão prática* (1788) e *Crítica do julgamento* (1790). Esses livros fizeram de Kant a figura mais importante da filosofia alemã do século XVIII. Faleceu em 12 de fevereiro de 1804.

ESTEVÃO C. DE REZENDE MARTINS é professor titular emérito da Universidade de Brasília. Doutor em filosofia e história pela Universidade Ludwig-Maximilian de Munique, realizou pós-doutorados em Teoria e Filosofia da História e em História das Ideias na Alemanha, na Áustria e na França. Seus temas de pesquisa incluem teoria e metodologia da história, cultura histórica, história política contemporânea (Europa, União Europeia e relações internacionais). Tem diversos artigos e livros publicados.

Immanuel Kant

Resposta à pergunta: O que é esclarecimento? E outros textos

Tradução do alemão de
ESTEVÃO C. DE REZENDE MARTINS

COMPANHIA DAS LETRAS

Copyright © 2022 by Penguin-Companhia das Letras

Grafia atualizada segundo o Acordo Ortográfico da Língua Portuguesa de 1990, que entrou em vigor no Brasil em 2009.

Penguin and the associated logo and trade dress are registered and/or unregistered trademarks of Penguin Books Limited and/or Penguin Group (USA) Inc. Used with permission.

Published by Companhia das Letras in association with Penguin Group (USA) Inc.

Tradução feita a partir dos originais da edição crítica da Academia Prussiana de Ciências: *Kants gesammelte Schriften.* Königlich Preussische Akademie der Wissenschaften, v. VIII, 1912/1923, na versão fac-similar: Berlim, Walter de Gruyter, 1968.

Resposta à pergunta: O que é esclarecimento? pp. 33-42.
A ideia de uma história universal em perspectiva cosmopolita. pp. 15-32.
Sobre a paz perpétua. pp. 343-86.

TÍTULOS ORIGINAIS
Beantwortung der Frage: Was ist Aufklärung?
Idee zu einer allgemeinen Geschichte in weltbürgerlicher Absicht
Zum ewigen Frieden

PREPARAÇÃO
Richard Sanches

REVISÃO
Carmen T. S. Costa
Luís Eduardo Gonçalves

Dados Internacionais de Catalogação na Publicação (CIP)
(Câmara Brasileira do Livro, SP, Brasil)

Kant, Immanuel, 1724-1804.
    Resposta à pergunta: O que é esclarecimento? : E outros textos /
Immanuel Kant ; tradução de Estevão C. de Rezende Martins. —
1ª ed. — São Paulo : Penguin-Companhia das Letras, 2022.

    Títulos originais: Beantwortung der Frage: Was ist Aufklärung?,
Idee zu einer allgemeinen Geschichte in weltbürgerlicher Absicht,
Zum ewigen Frieden
    ISBN 978-85-8285-153-1

    1. Filosofia 1. Título.

22-125101   CDD-100

Índice para catálogo sistemático:
1. Filosofia 100
Cibele Maria Dias – Bibliotecária – CRB-8/9427

[2022]
Todos os direitos desta edição reservados à
EDITORA SCHWARCZ S.A.
Rua Bandeira Paulista, 702, cj. 32
04532-002 — São Paulo — SP
Telefone (11) 3707-3500
www.penguincompanhia.com.br
www.companhiadasletras.com.br
www.blogdacompanhia.com.br

Sumário

RESPOSTA À PERGUNTA:
O QUE É ESCLARECIMENTO?   7

A IDEIA DE UMA HISTÓRIA UNIVERSAL
EM PERSPECTIVA COSMOPOLITA   19

SOBRE A PAZ PERPÉTUA:
UM PROJETO FILOSÓFICO   39

Resposta à pergunta:
O que é esclarecimento?
(1784)

Esclarecimento é a saída do ser humano da menoridade à qual ele mesmo se relegou. Menoridade é a incapacidade de se servir de seu entendimento sem a orientação de terceiros. Essa menoridade é de responsabilidade própria na medida em que suas causas residem não na falta de entendimento, mas na carência de decisão e de coragem de dele se servir sem a tutela de outrem. *Sapere aude!* Tem coragem de servir-te de teu próprio entendimento! Esta é, pois, a bandeira do Esclarecimento.

Preguiça e covardia são as causas de um número tão grande de seres humanos, mesmo depois de a natureza há muito os ter libertado da tutela de terceiros (*naturaliter maiorennes* [adultos segundo a natureza]), preferir passar a vida toda na menoridade — e de ser tão fácil para outros se tornarem seus tutores. É tão cômodo ser tutelado! Se houver um livro que possua entendimento em meu lugar, um pastor que tenha consciência por mim, um médico que fixe minha dieta, e assim por diante, eu não preciso me dar ao trabalho. Não é necessário que eu pense, desde que eu possa pagar; outros assumirão em meu lugar os encargos penosos. Que a esmagadora maioria das pessoas (inclusive o belo sexo) considere trabalhoso e arriscado o passo para a maioridade, tal perspectiva resulta da ação dos tutores, que assumiram de bom grado a supervisão dos demais. Após terem embrutecido seu rebanho e, com esmero, evitado que essas pacíficas criaturas ousassem dar um único passo sem o andador em que foram confinadas, mostram-lhes o perigo de que estão ameaçadas caso tentem caminhar por si mesmas. Esse perigo, todavia, não é assim tão grande, uma vez que, após algumas quedas, elas acabariam de todo modo aprendendo a andar. No entanto, um caso de queda costuma bastar para intimidar e desencorajar novas tentativas.

É, portanto, difícil para o ser humano escapar individualmente da menoridade, tornada quase uma segunda natureza. Ele chega mesmo a se comprazer com ela e torna-se incapaz de se servir de seu próprio entendimento, já que nunca o deixaram tentar. Preceitos e fórmulas, instrumentos mecânicos do uso racional, ou melhor, de um mau uso de suas faculdades naturais, são os grilhões de uma menoridade perpétua. Mesmo aquele que os rejeita mal conseguirá transpor o menor dos obstáculos, por falta do hábito de mover-se livremente. Eis por que somente uns poucos conseguiram, por obra do próprio espírito, desenredar-se da menoridade e entabular uma caminhada segura.

No entanto, é perfeitamente possível que a sociedade (o público) se autoesclareça; na verdade, é quase inevitável, desde que se lhe conceda liberdade. Pois sempre haverá de se encontrar alguns pensadores autônomos, até entre os tutores do grande rebanho, que, após terem se despojado do jugo da menoridade, difundirão à sua volta o espírito da estima racional do valor próprio e da vocação do ser humano para pensar por si mesmo. A esse propósito é bom lembrar que a sociedade (o público), submetida por eles anteriormente àquele jugo, impõe-lhes depois o mesmo jugo, obedecendo ao que a ela foi imposto por alguns de seus tutores, incapazes de qualquer esclarecimento. Eis por que é tão pernicioso firmar preconceitos, pois estes acabam se vingando naqueles mesmos que os criaram. Por essa razão, uma sociedade (um público) só pode chegar ao esclarecimento lentamente. Uma revolução pode acarretar a queda de um despotismo pessoal ou de uma opressão sedenta de lucro ou de dominação, mas jamais realizará uma verdadeira reforma do modo de pensar — apenas fará somarem-se, aos antigos, novos preconceitos para dirigir a massa do rebanho não pensante.

Para tal esclarecimento, contudo, não é preciso nada além da *liberdade* — e, verdadeiramente, a mais inofensiva dentre todas as acepções da palavra, única a merecer o nome de liberdade: fazer *uso público* de seu entendimento, em quaisquer assuntos. Mas eis que de toda parte ouço um clamor: "não pense!". O oficial diz: não pense, combata! O fiscal da Receita: não pense, pague! O vigário: não pense, creia! (Apenas um único senhor em todo o mundo diz: *pense* o quanto quiser, *mas obedeça*!) Tem-se aqui, em qualquer circunstância, restrições à liberdade. Mas qual restrição constitui obstáculo ao esclarecimento? E qual não o obstrui, mas, ao contrário, o favorece? — Respondo: o *uso público* da razão deve ser sempre livre, e somente ele pode promover o esclarecimento entre as pessoas. Contudo, o *uso privado* da razão pode com frequência estar estritamente limitado, sem contudo impedir notavelmente o progresso do esclarecimento. Entendo por uso público da razão própria aquele que qualquer um, *enquanto erudito*, faz perante seu público leitor. Chamo de uso privado o emprego que lhe dá esse erudito no exercício de um cargo ou de uma função *civis* que lhe tenham sido confiados. Há certas coisas, no entanto, que são do interesse da comunidade e que requerem determinados mecanismos mediante os quais alguns membros dessa comunidade devem se comportar passivamente, a fim de serem direcionados pelo governo a determinados fins públicos, por meio de uma clareza artificial, ou ao menos para impedi-los de sabotá-los. É óbvio que, aqui, não se permite pensar; é preciso, antes, obedecer. Entretanto, na medida em que essa peça da máquina se vê como integrante de uma comunidade completa, e até da sociedade civil universal, então, na qualidade de erudito que, com seus escritos, se dirige a um público no sentido estrito do termo, é-lhe permitido pensar sem que com isso se prejudiquem os assuntos que passivamente lhe digam respeito. Assim, seria altamente danoso que um oficial, tendo recebido uma ordem de seu superior, começasse a questionar durante o serviço a pertinência e a utilidade dessa ordem; ele deve obedecer. Em contrapartida, ele, como erudito, não deve ser proibido de fazer observações sobre os erros do serviço militar e de as submeter ao escrutínio de seu público. O cidadão não pode furtar-se a pagar os impostos que lhe foram fixados; uma censura descabida ao pagamento de tais encargos por ele devidos pode até ser punida à maneira de um escândalo (passível de provocar uma insubordinação generalizada). O mesmo cidadão em nada infringe suas obrigações civis quando, como erudito, manifesta publicamente seus pensamentos sobre a eventual incongruência ou mesmo injustiça de tais obrigações. Da mesma forma, o clérigo está obrigado a instruir seus alunos de catecismo e sua comunidade em concordância com a doutrina da igreja a que serve, pois sob tal condição foi ele admitido a esse serviço. Como erudito, no entanto, ele tem total liberdade, e mesmo certa obrigação, de apresentar a seu público seus pensamentos, bem-intencionados e cuidadosamente verificados, sobre o que houver de errado na doutrina e o que couber aperfeiçoar na respectiva igreja e em sua prática religiosa. Não há aqui nada que lhe possa pesar na consciência. Pois o que ele ensina, no exercício de suas funções como dignitário da igreja, é por ele apresentado não como algo que lhe cabe proclamar de acordo com seu gosto pessoal, mas que ele se encarregou de expor segundo as prescrições e em nome de outrem. Ele dirá: nossa igreja ensina isso ou aquilo; são essas as razões de que ela se vale. Ele, então, extrai para sua paróquia todos os usos práticos de preceitos a que ele próprio não subscreveria com total convicção, mas de cuja exposição ele aceita incumbir-se, pois

RESPOSTA À PERGUNTA: O QUE É ESCLARECIMENTO?

não é de todo impossível que nessas razões se encontre alguma verdade ou, em todo caso, que ao menos não haja nelas nada que contradiga a religião interna. Caso contrário, se o vigário deparasse com tal contradição, não lhe seria possível conciliar o ofício com a consciência e ele se veria constrangido a abandoná-lo. Portanto, o uso que um doutrinador contratado faz da própria razão perante sua comunidade não passa de um *uso privado* da razão, pois essa comunidade, por maior que seja, jamais deixa de ser doméstica. Nesse sentido, ele, na condição de sacerdote, não é livre — e tampouco lhe é lícito sê-lo, pois está incumbido de executar uma tarefa definida por terceiros. Por outro lado, como erudito, cujos escritos se dirigem ao público de fato, ou seja, ao mundo, o clérigo, no *uso público* de sua razão, goza de liberdade ilimitada para dela se valer e para falar por si mesmo. Pois, se os tutores do povo (em assuntos espirituais) fossem por sua vez menores de idade, ter-se-ia uma incongruência que acarretaria a perpetuação das incongruências.

Contudo, uma comunidade de religiosos, uma congregação eclesial, por exemplo, ou uma venerável *classis* (como se denominam entre os holandeses), não estaria habilitada a obrigar-se, por juramento, a uma determinada doutrina imutável, de modo a firmar — e mesmo perpetuar — uma tutela superior sobre cada um de seus integrantes e, por intermédio deles, sobre todo o povo? Eu digo: isso é totalmente impossível. Um tal contrato, destinado a apartar a espécie humana, por inteiro e para sempre, de maior esclarecimento, é destituído de toda e qualquer validade, mesmo se ratificado pela autoridade máxima, pelos parlamentos ou pelos mais solenes tratados de paz. Uma era não pode formar aliança e então conspirar para pôr a era seguinte em uma situação tal que lhe seja impossível expandir seus conhecimentos (em especial aqueles mais prementes), corrigir seus erros e, principalmente, avançar rumo ao esclarecimento. Isso seria um crime contra a natureza humana, cuja disposição originária consiste justamente nesse progresso. E os pósteros têm todo o direito de rejeitar aquelas decisões como abusivas e capciosas. A pedra de toque de tudo o que se pode legislar sobre um povo reside na questão: pode um povo impor tal legislação a si mesmo? Por certo, isso poderia ocorrer por um curto período de tempo, enquanto se espera por uma lei melhor, de modo a estabelecer certa ordem na qual se deixariam livres todos os cidadãos, principalmente os clérigos, para, na qualidade de eruditos, tornar públicas — mediante seus escritos — suas observações sobre o que houvesse de errado no ordenamento presente; enquanto isso, esse ordenamento persistiria até que o conhecimento público das propriedades dessas coisas tivesse a tal ponto se espalhado e se sedimentado que todos, pela união de suas vozes (mesmo que não de todos), poderiam submeter à Coroa uma proposta de proteger as comunidades que tivessem optado, segundo seu conceito de um melhor conhecimento, por uma vivência religiosa diferente, sem contudo impedir os demais de manter-se fiéis à forma tradicional. Entretanto, é rigorosamente proibido acatar uma concepção religiosa contumaz, por ninguém questionada em público, mesmo que apenas pela duração de uma vida humana, e que, por consequência, destrói um período do progresso da humanidade rumo ao aperfeiçoamento, e dessa forma prejudica, se não esteriliza, até as gerações posteriores. Um ser humano pode, é claro, no que diz respeito a si mesmo e ainda assim apenas por um tempo determinado, adiar o esclarecimento quanto ao que lhe é trazido ao conhecimento. Contudo, renunciar a ele — seja em seu nome, seja no da posteridade — significa violar e pisotear os direitos sagrados da humanidade. E o que não é lícito nem sequer a um povo decidir para si mesmo o é ainda menos lícito a um monarca decidir para todo o povo, pois sua autoridade legislativa se fundamenta justamente na união de sua vontade com a vontade coletiva. Cuidando o monarca apenas para

RESPOSTA À PERGUNTA: O QUE É ESCLARECIMENTO?   15

que toda melhoria verdadeira ou aparente coincida com a ordem civil, nada lhe resta fazer senão deixar agirem seus súditos de acordo com o que eles próprios consideram congruente com a salvação de suas almas. Isso não diz respeito ao monarca. Ele deve zelar somente para que ninguém impeça os demais de escolher e promover o caminho de sua salvação com toda a energia. Ele ofenderia sua própria majestade tanto ao se intrometer e submeter à supervisão governamental os escritos em que seus súditos buscam explicitar seus pensamentos, quanto ao agir por iniciativa própria, pelo que se exporia à seguinte objeção: *Caesar non est supra grammaticos* [César não está acima dos gramáticos]. E faz ainda pior se rebaixar seu poder supremo a ponto de apoiar, em seu Estado, o despotismo espiritual de alguns tiranos contra seus demais súditos.

Caso se pergunte agora: vivemos em uma era *esclarecida*? A resposta é: não; mas certamente em uma *era do esclarecimento*. No atual estado de coisas, as pessoas, tomadas em seu conjunto, ainda estão longe de servir-se bem e com segurança de seu entendimento em questões de religião, sem o concurso de outrem. Temos, porém, sinais inequívocos de que está aberto o campo para que trabalhem livremente nessa direção, e de que os obstáculos ao esclarecimento universal — ou à superação de sua imaturidade culposa — diminuem. Nesse sentido, esta era é a do esclarecimento, ou o século de Frederico.

Um príncipe que não veja como indigno de si dizer que considera seu *dever* nada prescrever às pessoas em matéria de religião, mas, inversamente, deixar-lhes liberdade plena nesse assunto, e que recusa arrogar-se o presumido epíteto da *tolerância*, é ele próprio esclarecido e merece ser honrado, pelo mundo e pela posteridade, como aquele que libertou a espécie humana da imaturidade, ao menos no que tange ao governo, e deixou cada um livre para servir-se da própria razão naquilo que concerne à consciência. Em seu reino, clérigos respeitáveis, na qualidade de eruditos, têm o direito de, livre e publicamente, submeter ao escrutínio do mundo — sem com isso pôr em risco suas obrigações funcionais — seus juízos e suas opiniões, mesmo que divergentes aqui e ali da doutrina corrente, e o pode ainda mais aquele que não se encontra cerceado pela obrigação funcional. Esse espírito da liberdade se espraia também para fora, mesmo onde seja necessário combater os obstáculos externos de um governo que se confunde acerca do próprio papel. A um tal governo pode-se contrapor um exemplo: no caso da liberdade, não é preciso tomar providência nenhuma para garantir a ordem pública e a unidade da comunidade. As pessoas gradativamente se burilam para sair de seu estado bruto, basta que não se lance mão de artifícios para mantê-las nesse estágio.

Exprimi a essência do esclarecimento — como a saída do ser humano da menoridade à qual ele mesmo se relegou — principalmente em *termos de religião*, pois em assuntos de arte e ciência nossos soberanos não têm interesse em exercer tutela sobre seus súditos. Além do mais, a imaturidade religiosa é a mais nociva e desonrosa que há. Mas o modo de pensar de um chefe de Estado que fomente aquele esclarecimento vai ainda mais longe e percebe que, mesmo em relação a sua *ordem legal*, não há perigo em permitir a seus súditos o uso *público* da razão e a publicização de seu pensamento acerca da melhor legislação, inclusive mediante crítica daquela em vigência no mundo. Dispomos de um exemplo brilhante de um tal soberano, o monarca que veneramos e que nenhum outro supera.

Mas também o único que, sendo ele próprio esclarecido, não teme as sombras e dispõe de um exército disciplinado para garantir a ordem pública, pode afirmar o que um Estado livre não ousaria: *pense o quanto quiser e sobre o que lhe convier, mas obedeça!* Evidencia-se assim um curso estranho, inesperado, das coisas humanas — tal como ocorre também por toda parte, em que quase tudo, desde que visto no geral, é paradoxal. Um grau maior de liberdade civil parece benéfico para a liberdade *espiritual* de um povo, mas impõe-lhe limites insuperáveis; por outro lado, um grau menor abre ao espírito espaço para desabrochar em todas as suas faculdades. Assim, quando a natureza faz brotar a semente que ela acalenta com tanta ternura sob a dura casca — qual seja: a tendência e a vocação para o *pensamento* livre —, passa ela gradativamente a ter efeito sobre a percepção do povo (mediante o qual o povo, aos poucos, se torna mais apto a agir livremente) e afinal também sobre os princípios do governo, que passa a considerar admissível tratar o ser humano, visto agora não mais como uma máquina, de acordo com sua dignidade.[1]

Königsberg na Prússia, 30 de setembro de 1784

Nota

1. Li hoje, dia 30, nas *Büsching'sche wöchentliche Nachrichten* de 13 de setembro, o anúncio da *Berlinische Monatsschrift* deste mês, que menciona a resposta do sr. Mendelssohn a esta mesma questão. Ela ainda não me veio às mãos. Do contrário, eu a teria comparado a esta, que agora depende apenas do acaso para que se aponte entre elas alguma coincidência de pensamento.

A ideia de uma história universal em perspectiva cosmopolita
(1784)[1]

Qualquer que seja o conceito que se tenha da *liberdade da vontade*, em sentido metafísico, suas *manifestações*, ou seja, as ações humanas, são determinadas por leis naturais universais, como qualquer outra realidade natural. A história, que se ocupa da narração dessas manifestações, por mais veladas que sejam suas causas, permite-nos esperar que, desde que se leve em conta o jogo da liberdade da vontade humana *em geral*, se descubra na própria história um funcionamento regular. Da mesma forma, podemos esperar que aquilo que nas ações de cada sujeito nos parece confuso e desprovido de regras pode ser reconhecido, no conjunto da espécie, como um desenvolvimento constante, mesmo que lento, das faculdades humanas originais. Assim, os casamentos, os nascimentos que deles resultam e as mortes, fortemente influenciados pela vontade humana, parecem não se encontrar sob nenhuma regra que permita calcular de antemão sua incidência. Apesar disso, as estatísticas anuais dos grandes países demonstram que esses acontecimentos obedecem a leis naturais constantes, tanto quanto os fenômenos climáticos, cuja ocorrência não se pode prever em detalhe, mas que, em conjunto, não impedem que o crescimento das plantas, o curso das águas e as demais entidades naturais persistam em seu desenvolvimento regular e ininterrupto. Mal pensam os seres humanos — individual ou coletivamente, como povos — que, ao agir cada um por si ou até um contra o outro, em busca de seus objetivos, comportam-se, sem o notar, em conformidade com a teleologia da natureza, como se obedecessem à realização de uma diretriz que, se conhecida, talvez não lhes fosse agradável.

Uma vez que os homens não se comportam de forma meramente instintiva, como os animais, e em geral tampouco segundo planos convencionados, como cidadãos racionais do mundo, não parece ser possível uma história planificada deles (como a das abelhas ou dos castores). Não se escapa de certo desânimo ao contemplar seu agir no grande palco do mundo. Malgrado vislumbrar-se cá e lá algo de sabedoria, predominam a estultice, a vaidade pueril, não raro também a maldade e o instinto destrutivo infantis — a ponto de não sabermos que ideia fazer de nossa espécie, tão cheia de si. Aqui não há nenhuma informação sobre o filósofo, exceto — por não poder supor nas pessoas e em seu agir, em geral, qualquer intenção racional própria — que tenta descobrir na natureza alguma direção no curso insensato das coisas humanas, que de acordo com essa intenção seja possível fazer, a partir de criaturas que agem sem plano próprio, uma história segundo um plano determinado da natureza. — Vejamos se conseguimos encontrar um fio condutor para uma tal história, deixando à natureza produzir uma pessoa que esteja em condições de a realizar, assim como ela gerou um Kepler, que submeteu — de modo imprevisto — a órbita excêntrica dos planetas a leis determinadas, e um Newton, que explicou essas leis por uma causa natural universal.

PRIMEIRA TESE

Todas as faculdades naturais de uma criatura estão determinadas a desenvolver-se plenamente em algum momento e em conformidade com seus fins. Isso pode ser constatado, em todos os animais, tanto pela observação externa quanto pela interna (ou anatômica). Um órgão que não deve ser empregado, uma disposição que não alcança sua finalidade, é uma contradição na concepção teleológica da natureza. Pois, se nos afastarmos desse princípio, teremos uma natureza que atua não mais segundo leis, mas sem fins — e a casualidade insípida tomaria o lugar da diretriz da razão.

SEGUNDA TESE

No caso do ser humano (única criatura racional na Terra), as faculdades naturais destinadas ao uso da razão devem se desenvolver plenamente somente na espécie, e não no indivíduo. Em uma criatura, a razão é uma faculdade de estender, para bem além do instinto natural, as regras e intenções do uso de todas as suas forças, sem conhecer limites. Sua ação, no entanto, não obedece a instintos, mas requer tentativas, exercícios e treino, de modo a progredir de uma etapa a outra, de maneira gradativa. Por esse motivo, um ser humano teria de viver indefinidamente para que pudesse aprender a fazer pleno uso de todas as suas faculdades naturais. Mas, se a natureza tiver fixado um prazo curto para sua vida (como é o caso), é necessário que ela produza uma série, talvez infinita, de gerações que passem umas às outras seu esclarecimento, de modo que suas sementes germinem, enfim, em nossa espécie, até o grau de desenvolvimento que corresponda a sua intenção. Esse momento deve ser, pelo menos na ideia dos seres humanos, a meta de seus esforços, pois de outra forma a maior parte de suas aptidões naturais deveria ser vista como inútil e sem sentido. Isso significaria que todos os princípios práticos teriam de ser suspensos e que a natureza, cuja sabedoria deve servir de fundamento para o julgamento das demais faculdades, estaria sob a suspeição de não passar de uma brincadeira humana.

TERCEIRA TESE

Quis a natureza que o ser humano depreendesse de si mesmo tudo o que vai além da disposição mecânica de sua existência animal e que somente experimentasse a felicidade ou a perfeição causadas por si mesmo, por sua razão, livre de qualquer instinto. A natureza, com efeito, nada produz de supérfluo nem desperdiça os meios para seus fins. Ao ter ela dado ao ser humano a razão e, ademais, a liberdade de vontade fundada sobre esta, tem-se um indício claro de sua intenção, a partir das faculdades de que o dotou. O ser humano não deve nem se guiar pelo instinto nem se tutelar por conhecimento adquirido, mas sim produzir-se a si próprio. A invenção de sua alimentação, de seu abrigo, de sua segurança externa e de sua defesa (para o que não lhe foram dados os chifres do touro, nem as presas do leão, nem a mandíbula do cão, mas meras mãos humanas), todos os confortos que tornam a vida amena, assim como sua inteligência e sua astúcia, e até o caráter benigno de sua vontade, devem ser inteiramente obra sua. A natureza parece ter-se satisfeito, aqui, com a maior parcimônia, limitando as faculdades animais ao estrito necessário à existência básica. E isso como se quisesse indicar que o ser humano deve haver-se por si só e recorrer apenas a si mesmo se deseja passar do estado mais bruto ao mais refinado, à perfeição interna do pensamento e (na medida em que, na Terra, isso seja possível) à felicidade; como se, da mesma forma, ela o tivesse destinado mais à *autoestima de um ser racional* do que ao bem-estar. Uma vez que, no curso dos eventos, uma longa série de obstáculos aguarda pelos seres humanos, tem-se a impressão de que a natureza não se preocupou com que vivessem bem, mas que, ao contrário, se desenvolvessem por si mesmos até se tornarem, em decorrência da própria conduta, dignos da vida e do bem-estar. Causa estranheza, nesse particular, que as gerações anteriores, em seu

A IDEIA DE UMA HISTÓRIA UNIVERSAL

agir intrincado, levem em conta, aparentemente, apenas as gerações posteriores. Assim, aquelas deveriam servir a estas de etapa para levar ainda mais adiante a construção que a natureza tem por finalidade, de modo que sejam as últimas gerações a morar nesse edifício no qual trabalhou (obviamente, sem o saber) uma longa série de predecessoras, impedidas de gozar da felicidade de cuja preparação participaram. Por mais intrigante que seja, é necessário admitir que uma espécie animal que possui razão e ao mesmo tempo, enquanto classe de seres racionais mortais, é imortal como espécie, deve poder chegar à perfeição do desenvolvimento de suas faculdades.

QUARTA TESE

*O meio de que a natureza se serve para promover o desenvolvimento de todas as suas propriedades é seu **antagonismo** na sociedade, na medida em que ele, afinal, é a causa do ordenamento desta segundo leis.* Por antagonismo entendo, aqui, a sociabilidade antissocial dos seres humanos, isto é, sua tendência de reunir-se em sociedade combinada com uma constante resistência que a todo momento ameaça desintegrar a sociedade. Essa tendência parece estar enraizada na própria natureza humana. O ser humano se inclina à *socialização*, pois nessa condição se sente mais humano, isto é, desenvolvido em suas faculdades naturais. Ele possui também, entretanto, uma forte tendência ao *isolamento*, pois, do mesmo modo, encontra em si a característica desagregadora de querer colocar tudo a seu serviço, o que o faz deparar com resistências de todo tipo, e sabe, ademais, que ele mesmo tende a resistir à vontade dos demais. É essa resistência que desperta todas as energias do ser humano e o leva a superar sua tendência à preguiça. É, ainda, ela que faz o ser humano, movido pela vaidade, pela sede de poder e pela cobiça, buscar um lugar entre os seus semelhantes, sem os quais *não pode ficar*, ainda que *não os suporte*. Aí é que são dados os primeiros passos do estado bruto em direção à cultura, que consiste no valor social do ser humano. Todos os talentos são gradativamente desenvolvidos, o gosto se forma e se constitui assim, mediante esclarecimento constante, o início da instituição de um modo de pensar que, com o tempo, pode transformar a faculdade natural bruta de ajuizamento moral em determinados princípios práticos e, dessa forma, transformar igualmente a adesão à sociedade, *patologicamente* forçada, em um todo *moral*. Sem essa insociabilidade, em si nada agradável, na qual nasce a resistência que todos encontramos necessariamente em nossas pretensões egoístas, os talentos jamais desabrochariam, envoltos pelo bucolismo arcádico da contemplação perfeita, da autossatisfação e do amor ao próximo. Os seres humanos, plácidos como os cordeiros que apascentam, dificilmente emprestariam a suas vidas um valor maior do que possuem esses animais domésticos — não preencheriam o vazio da criação quanto a seu objetivo, como natureza racional. Sejam dadas graças, pois, à natureza pela intolerância, pela vaidade ambiciosa e prejudicial, pela ambição de ter e de mandar, que não se pode satisfazer! Sem elas, as faculdades naturais da humanidade ficariam atrofiadas para sempre. O ser humano quer concórdia, mas a natureza sabe o que é melhor para sua espécie: ela quer discórdia. Ele quer viver agradável e alegremente. A natureza, porém, quer que ele se afaste da lassidão e da inércia inoperante e se volte para o trabalho e para o esforço, com o intuito de encontrar meios que lhe permitam, enfim, eximir-se deles habilmente. Para tanto, os impulsos naturais, as fontes da hostilidade e da resistência constantes de tantos males, que por sua vez conduzem, porém, à readaptação das forças e a novos desenvolvimentos das faculdades naturais, revelam também a ordem produzida por um criador sábio, e não o efeito da mão de um espírito maligno que a tivesse deturpado em sua forma sublime ou, por inveja, a destruído.

QUINTA TESE

O maior problema da espécie humana, aquele que a natureza a impele a solucionar, é a constituição de uma sociedade civil *que administre universalmente o direito.* O propósito último da natureza — isto é, o desenvolvimento máximo de todas as capacidades naturais — pode ser alcançado pela humanidade somente em sociedade, para que disponha da maior liberdade e do maior antagonismo entre seus membros, mas da mesma forma da mais exata demarcação e garantia dos limites da liberdade, de modo que possa coexistir com a dos demais. A natureza decerto quer também que a humanidade cuide por si mesma de lograr tanto este como os demais fins de sua determinação. Assim, a mais alta tarefa que a natureza demanda da espécie humana deve ser a instituição de uma sociedade em que a *liberdade sob leis extrínsecas* se encontre submetida, no mais alto grau, a uma coação irresistível, ou seja, a uma *constituição civil perfeitamente justa*, pois é apenas mediante a plena realização de tal empreendimento que pode a natureza efetuar seus demais propósitos para nossa espécie. É a necessidade que constrange o ser humano — de outra forma tão ansioso por liberdade total — a submeter-se a esse tipo de coação. Trata-se da maior de todas as necessidades, a que os seres humanos se submetem por si mesmos, pois suas tendências impedem-nos de conviver no estado de liberdade sem peias. Somente em um tal redil, como é a associação civil, essas mesmas tendências produzem seus melhores efeitos: assim como as árvores na floresta, que rivalizam entre si à cata do ar e do sol e se obrigam a buscá-los acima das demais, conseguindo, com isso, um belo crescimento vertical. De modo inverso, as que se põem a lançar seus galhos, isolada e livremente, crescem retorcidas, tortas e disformes. Toda cultura e toda arte que ornam a humanidade, a mais bela ordem social, são frutos da hostilidade, que se obriga assim à disciplina e ao pleno desenvolvimento, por arte forçada, das sementes da natureza.

SEXTA TESE

Este é o problema mais difícil e, ao mesmo tempo, o que a espécie humana mais custará a resolver. A dificuldade que logo salta aos olhos no que diz respeito a esta tarefa é que o ser humano é *um animal que*, quando convive com os demais de sua espécie, *precisa de um senhor*. Pois é certo que ele abusa de sua liberdade para com os semelhantes. E mesmo que, como ser racional, deseje uma lei que ponha limites à liberdade de todos, sua inclinação animal egocêntrica o incita a dispensar-se dela à primeira oportunidade. Ele carece de um senhor que lhe vergue a vontade e que o force a obedecer a uma vontade geral, por meio da qual todos podem ser livres. Onde, porém, encontra ele tal senhor? Em nenhum outro lugar senão na própria espécie humana. Mas o senhor, por sua vez, é também um animal que carece de um senhor. Assim, o ser humano pode começar por onde for, já que não se vê, aqui, como ele descobriria um líder da justiça pública que fosse ele também justo — fosse uma pessoa ou uma comunidade de muitas pessoas seletas. Pois cada uma sempre abusará de sua liberdade se acima de si não tiver alguém que exerça o poder de acordo com as leis. O líder máximo deve ser justo *em si mesmo* e, ainda assim, um *ser humano*. Essa tarefa é, por conseguinte, a mais difícil de todas. Sua execução por completo é impossível. Não se pode extrair nada inteiramente reto do tronco tão retorcido de que é feito o ser humano. A natureza nos deu somente uma ideia aproximada dessa tarefa.[2] Mas o

A IDEIA DE UMA HISTÓRIA UNIVERSAL

fato de ser ela propriamente a última a ser realizada decorre de que são requeridos conceitos corretos da natureza de uma possível constituição, uma grande experiência de tentativas mundo afora e, acima de tudo, uma boa vontade preparada para as aceitar. Esses três elementos, entretanto, são muito difíceis de achar juntos e, quando o são, é sempre muito tarde e após inúmeras tentativas frustradas.

SÉTIMA TESE

O problema da instituição de uma constituição civil perfeita depende daquele das relações exteriores dos Estados segundo leis, sem o qual não pode ser resolvido. Para que serve trabalhar por uma constituição civil regida por leis entre indivíduos, isto é, pela instituição de uma entidade comum? A mesma hostilidade que forçava os seres humanos até agora é por sua vez a causa de essa entidade comum ser livre e ilimitada em suas relações exteriores, isto é, as relações que os Estados mantêm entre si. Dessa forma, cada Estado deve esperar dos demais Estados os mesmos males que assolavam os indivíduos e que os forçaram a passar a um estado civil regido por leis. A natureza serviu-se mais uma vez, pois, da incompatibilidade de convivência com seus pares manifestada pelos seres humanos, e mesmo pelas grandes sociedades, pelas entidades estatais e por demais instituições desse tipo, como um meio de descobrir, no seio do inevitável *antagonismo*, um estado de paz e segurança. Em outras palavras: pelas guerras, por seus preparativos extravagantes e incessantes, pelas necessidades de que todo Estado se ressente em algum momento, até em situação de paz interna, a natureza leva, enfim — após muita desolação, reviravolta e profundo esgotamento de suas energias —, a tentativas, mesmo que apenas incipientes, de fazer o que a razão poderia lhes ter dito sem que tivessem de experimentar tanto sofrimento:

deixar o estado selvagem e desprovido de leis e ingressar em uma liga das nações. Nela, todo Estado, por menor que fosse, disporia de segurança e direitos, não por sua própria força ou por seu próprio estatuto jurídico, mas exclusivamente por meio dessa grande liga de nações (*foedus amphictyonum*),* das forças unidas e das decisões regidas pelas leis da vontade unificada. Por mais que essa ideia possa parecer ingênua ou tenha sido ridicularizada por um abade de Saint-Pierre ou por um Rousseau (talvez porque acreditassem em sua realização imediata), ela constitui, ainda assim, a única saída dos constrangimentos a que os seres humanos se submetem uns aos outros e que, da mesma forma, forçará os Estados (por mais que lhes custe admiti-lo) a adotar aquela mesma resolução a que teve de obrigar-se, de muito mau grado, o ser humano involuído: renunciar à sua liberdade bruta e buscar placidez e segurança em uma constituição regida pela lei. — Todas as guerras são, por conseguinte, tentativas (decerto não na intenção dos seres humanos, mas na da natureza) de instituir novas relações entre os Estados, de modo a, mediante a destruição ou pelo menos a fragmentação dos entes precedentes, formar novos corpos. Estes, contudo, seja por eles mesmos, seja por conta de sua proximidade, ver-se-ão, por sua vez, impedidos de perseverar e, por conseguinte, passarão novamente por revoluções semelhantes, até que um dia, enfim, devido em parte ao melhor ordenamento possível de uma constituição civil interna, em parte à força do entendimento e da legislação externa comum, se instaure um Estado que, à semelhança de uma comunidade civil, se mantenha por si mesmo, tal qual um *autômato*.

---

* Expressão latina para "liga anfictiônica", uma aliança de tribos e cidades-Estados da Grécia Antiga, formada por motivos religiosos ou para defesa mútua. (N. T.)

A IDEIA DE UMA HISTÓRIA UNIVERSAL

Deveríamos crer que os Estados, graças a uma convergência *epicureia* de causas, à maneira das minúsculas partículas da matéria, assumem, por meio de colisões casuais, todas as formas de configuração, que em seguida seriam desfeitas por um novo confronto, até que enfim chegassem *por acaso* a uma configuração tal que subsistiria por si mesma (um belo acaso, cuja ocorrência é, decerto, muito difícil!)? Ou deveríamos supor que a natureza segue, aqui, um curso regular para conduzir nossa espécie, gradativamente e por meios próprios — embora impostos também aos seres humanos —, do mais baixo nível da animalidade até o grau máximo de humanidade, e que bem regularmente desenvolve, em meio a essa aparente desordem total, todas as faculdades originárias? Pode-se preferir supor que nada — ou pelo menos nada de razoável — advenha dessas ações ou contra-ações dos seres humanos, que tudo permanecerá como sempre e que, por conseguinte, não se pode prever se a discórdia, tão natural em nossa espécie, ao fim e ao cabo nos prepara um inferno de males, por mais que o ambiente seja educado, posto que o destruiria de novo, junto com todos os demais progressos culturais, mediante os mais bárbaros artifícios (uma sina a que não escapa, sob o governo do cego acaso; ela coincide com uma liberdade desregrada se não for intimamente submetida ao fio condutor da natureza, orientado pela sabedoria!). Todas essas alternativas levam à questão central: é racional pressupor a *teleologia* da natureza em suas partes e *a ausência de fins* em seu todo? O que a ausência de fins do estado bruto operou — isto é, o refreamento de todas as faculdades naturais em nossa espécie, mas que, pelos males que lançou sobre elas, forçou afinal a espécie a sair desse estado e a passar à constituição civil, na qual todas essas faculdades podem se desenvolver — é o mesmo que faz a liberdade bárbara de todos os Estados constituídos, ou seja: pelo emprego de todas as forças da comunidade para armarem-se uns contra os outros, pela devastação causada pela guerra e, ainda mais, pela necessidade de estarem sempre preparados para ela e pela paralisia do desenvolvimento das faculdades naturais — sem contar os males que daí decorrem —, nossa espécie foi levada a buscar nessa mútua resistência de muitos Estados — que, em si, é salutar e que surge de sua liberdade — uma lei do equilíbrio e um poder unificado que a respalde. Alcançar-se-ia assim um estado mundial de civilidade e de segurança pública do Estado. Esse estado não exclui totalmente o *risco* de as forças da humanidade relaxarem, mas não funcionaria sem o princípio da *igualdade* de suas *ações* e *contra-ações*, com vistas a evitar sua destruição mútua. Antes de este último passo ser dado (ou seja, a federação dos Estados), ainda pela metade do caminho, a natureza humana sofre o pior dos males sob a aparência enganosa do bem-estar exterior. Rousseau não estava assim tão equivocado ao preferir o estado dos selvagens, assim que se deixa para trás o último degrau que nossa espécie tem de galgar. Nós estamos cultivados por um grau elevado de arte e de ciência. Nós nos *civilizamos* ao limite do exagero por meio de toda sorte de cortesias e boas maneiras. Mas para nos considerarmos *moralizados* ainda falta muito. Pois, embora a ideia de moralidade pertença à cultura, seu emprego — que se dá apenas no plano, análogo à moral, do respeito e da cortesia exterior — gera a aparência de civilidade. No entanto, se os Estados colocam todas as forças a serviço de seus objetivos ambiciosos e violentos de expansão, retardando constantemente o penoso esforço da formação interior do pensamento de seus cidadãos, retirando-lhes o apoio necessário para esse fim, nada se pode esperar deles, pois para tanto se requer uma longa preparação interna de cada comunidade para a formação de seus cidadãos. Todo o bem que não estiver enraizado, todavia, em uma atitude moralmente boa não passa de mera aparência e de falso brilho. E a espécie

A IDEIA DE UMA HISTÓRIA UNIVERSAL

humana há de permanecer nesse estágio até que supere o estado caótico das relações estatais em que se encontra, do modo que descrevi.

OITAVA TESE

É possível ver a história da espécie humana, globalmente, como a realização de um plano oculto da natureza para produzir uma constituição estatal — internamente e, para esse fim, também externamente — perfeita, como a única em que a natureza pode tornar efetivas, na humanidade, todas suas faculdades.

Esta tese é uma consequência da anterior. Veja-se: a filosofia também pode recorrer ao milenarismo. Mas somente a um quiliasmo para cuja realização a concepção filosófica possa concorrer, embora de modo muito indireto, e que não passaria de mero entusiasmo. Trata-se apenas de saber se a experiência desvela algo assim na intenção da natureza. Eu afirmo: ela desvela *pouco*, pois esse ciclo parece requerer um tempo tão longo para se completar que, com base no curto trecho desse itinerário percorrido até agora pela humanidade, é difícil determinar, mesmo aproximadamente, o percurso completo e a relação das partes com o todo. Do mesmo modo, é difícil determinar com exatidão, a partir das observações astronômicas feitas até hoje, a órbita do sol e de toda a sua legião de satélites no grande sistema das estrelas fixas, apesar de ser perfeitamente possível deduzir a realidade de tal trajetória se combinarmos o fundamento geral da constituição sistemática do mundo com o pouco que se pôde observar. Entretanto, desde o mais remoto tempo em que já se encontrava nossa espécie, nada se pode antecipar com alguma segurança com relação à natureza humana. No nosso caso é ainda mais improvável, pois parece que seríamos capazes de acelerar a chegada daquele momento tão jubiloso, mediante nossa constituição racional própria, em benefício de nossos pósteros. Para isso, até os menores indícios de sua aproximação tornam-se muito importantes. Entrementes, os Estados chegaram a um tal ponto de relacionamento hostil que nenhum, do ponto de vista de sua cultura interna, pode ceder sem perder poder e influência em benefício do outro. Assim é que, à falta de progresso, está assegurada por intenções ambiciosas a manutenção desse propósito da natureza. Ademais: a liberdade civil não pode mais ser atingida sem que haja prejuízo de todas as atividades, em especial o comércio, deixando entrever o enfraquecimento do poder do Estado em todas as suas relações. A liberdade, porém, continua a avançar progressivamente. Ao se impedir o cidadão de buscar seu bem-estar do modo que lhe aprouver, o que aliás só pode acontecer em concerto com a liberdade de todos os demais, emperra-se a vivacidade da evolução constante e, dessarte, das forças do todo. Eis por que as limitações impostas às ações e omissões dos indivíduos vão sendo mais e mais abandonadas e se concede a liberdade de religião. Emerge assim, com a superação dos desvarios e das ideias abstrusas, o *esclarecimento*, como o grande bem que a espécie humana tem de extrair até dos objetivos mais gananciosos de expansão de seus senhores, quando estes só pensam em seus próprios interesses. Mas esse esclarecimento — e com ele algo da satisfação que o homem esclarecido inevitavelmente experimenta com qualquer coisa boa que ele compreenda por completo — precisa ascender inelutavelmente até os tronos e exercer influência sobre os princípios de governo. Por exemplo: ainda que os governantes do mundo não disponham, no momento, de dinheiro para os estabelecimentos públicos de ensino e para tudo o mais que se volte para o aperfeiçoamento do mundo, pois tudo está empenhado na preparação de uma próxima guerra, eles considerarão vantajoso pelo menos não retardar os já débeis e lentos

A IDEIA DE UMA HISTÓRIA UNIVERSAL

esforços particulares de seus povos nessa direção. Afinal, a própria guerra passa gradualmente a ser vista como um empreendimento não apenas artificial, cujo desfecho é incerto para ambas as partes, mas também dúbio por conta de seus efeitos posteriores, que pesam sobre o Estado na forma de uma crescente dívida nacional (uma nova invenção!), cuja amortização se dá a perder de vista, ao passo que, nesta nossa parte do mundo, onde os Estados são bastante interdependentes do ponto de vista do comércio, a turbulência que se instala dentro das fronteiras de um deles logo influencia os demais. E assim os Estados, pressionados pelos perigos a que se expõem, se oferecem como árbitros, mesmo sem gozar de autoridade legal para tanto, e com isso concorrem, desde há muito, para criar uma grande entidade estatal futura, de que todo o mundo anterior não conhece precedente. Embora essa entidade estatal por ora só exista de forma meramente incipiente, já começa a suscitar em todos os seus membros — malgrado tudo — o sentimento de querer preservar o todo. E isso alimenta a esperança de que, passadas as revoluções e as transformações, se instaure o fim último da natureza: um *Estado cosmopolita* universal, em cujo seio se desenvolverão todas as faculdades originais da espécie humana.

NONA TESE

Elaborar um ensaio filosófico sobre uma história universal obediente a um plano da natureza que tencione instituir uma união civil perfeita na espécie humana exige ser visto como possível e como fomentador desse plano. É estranho, e até aparentemente descabido, querer escrever uma *história* a partir da ideia de que o curso do mundo deveria estar em conformidade com determinados fins racionais; aparentemente, uma tal intenção não poderia produzir senão um *romance*. No entanto, se é possível supor que a natureza não opera sem plano ou fins últimos, mesmo em se tratando da liberdade humana, então essa ideia bem pode se tornar útil. Fôssemos míopes ao ponto de não percebermos o mecanismo secreto de sua disposição, tal ideia poderia nos servir de fio condutor para apresentar como *sistema*, ao menos em linhas gerais, aquilo que, de outra forma, não passaria de um *agregado* das ações humanas desconexas. Se começarmos pela história grega — por meio da qual se preservaram, ou ao menos se convalidaram, para nós todas as histórias, mais antigas ou contemporâneas;[3] se essa mesma influência sobre a criação e a destruição do corpo político do povo *romano*, que absorveu o Estado grego, e a influência de Roma sobre os *bárbaros*, que por sua vez a destruíram, forem retraçadas até os nossos dias; e se observarmos ainda a história estatal de outros povos, cujo conhecimento chegou gradualmente até nós por intermédio dessas nações esclarecidas —, descobriremos, então, um curso regular do aperfeiçoamento da constituição do Estado em nosso quadrante (que provavelmente transmitirá suas leis a todos os demais). Além do mais, ao se prestar atenção exclusivamente à constituição civil, a suas leis e à relação entre os Estados, visto que, pelo bem que encerravam, serviram, por algum tempo, para promover os povos (e, com eles, as artes e as ciências) e para glorificá-los, mas, por outro lado, pelos erros que contêm, degradaram esses mesmos povos, é possível constatar, todavia, que afinal sempre subsiste uma semente de esclarecimento, a qual, mais desenvolvida a cada revolução, prepara um grau superior de aperfeiçoamento. Com isso, acredito, se descobre o fio condutor que pode servir para algo mais do que esclarecer o confuso jogo das coisas humanas ou para a arte política de prever o que acontecerá com os Estados (uma utilidade que já se obtivera da história dos seres humanos, quando considerada como o efeito desconexo de uma liberdade desregrada!), mas que abrirá uma perspectiva consoladora de futuro (o que não é razoável esperar sem se pressupor um plano da natureza) em que se apresentará, à distância, como a espécie humana teria enfim chegado a promover-se àquele estado em que todas as sementes nela plantadas pela natureza estariam plenamente desenvolvidas, e sua determinação aqui na Terra, realizada. Uma tal *justificação* da natureza — ou melhor, da *Providência* — não é um motivo a desconsiderar quando se escolhe um determinado ponto de vista para contemplar o mundo. Pois de que adiantaria louvar o esplendor e a sabedoria da criação em um reino em que a natureza é destituída de razão e recomendar a contemplação, se a parte do grande teatro da sabedoria suprema em que esse fim aparece — a história da espécie humana — consistisse em uma oposição constante a tudo isso, cuja visão nos forçasse a desviar o olhar, constrangidos, e nos levasse a duvidar de encontrar um dia uma intenção racional perfeita e a só esperá-la em um outro mundo?

Entender que eu tencione, com esta ideia de uma história universal, que, de certo modo, segue um fio condutor a priori, afastar a elaboração de uma história puramente empírica, seria um equívoco quanto a minha intenção. Trata-se apenas de uma concepção daquilo que uma mente filosófica (que, contudo, há de ser bem versada em história) poderia tentar desde outro ponto de vista. Ademais, as conhecidas circunstâncias adversas sob as quais se elabora a história de seu próprio tempo devem levar qualquer um a refletir, naturalmente, sobre como nossos descendentes, daqui a alguns séculos, conseguirão lidar com o fardo da história que lhes legaremos. Sem dúvida, contemplarão a história dos tempos mais remotos, dos quais há muito já não lhes restariam mais indícios, exclusivamente do ponto de vista do que interessa a *eles*, vale dizer: o que povos e governos terão promovido ou prejudicado no que se refere à meta do cosmopolitismo. Levar em conta esse fato e, também, a ambição dos chefes de Estado e de seus súditos, a fim de lhes indicar o único meio de preservarem, de modo honrado, sua memória para a posteridade — eis um motivo *modesto* para se tentar uma tal história filosófica.

Notas

1. Uma passagem ao pé do pequeno anúncio no número 12 da *Gothaische Gelehrten-Zeitung* deste ano, que sem dúvida se deve a uma conversa minha com um intelectual em visita, obriga-me a este acréscimo, sem o qual tal passagem perderia seu sentido.

2. O papel do homem é, pois, muito artificial. Nada sabemos dos habitantes de outros planetas e de sua natureza. No entanto, se nos desincumbirmos bem dessa tarefa da natureza, podemos nos vangloriar de ocupar uma posição de nível elevado entre nossos vizinhos no Universo. Talvez entre eles cada indivíduo alcance seu destino completo na própria vida. No nosso caso, a situação é outra: só a espécie pode esperar isso.

3. Só um *público instruído* que tenha subsistido, desde seu aparecimento até nossos dias, pode convalidar a história antiga. Fora desses limites, tem-se apenas *terra incógnita*; e a história dos povos que viveram fora deles só pode começar a partir do momento em que neles entram. Foi o que se passou com o povo *judeu* ao tempo dos ptolomeus mediante a tradução grega da Bíblia, sem a qual seus relatos *isolados* teriam gozado de pouca credibilidade. A partir desse ponto (à medida que esse começo possa ser identificado adequadamente) pode-se traçar suas narrativas em sentido retroativo. E o mesmo tem se dado com todos os demais povos. A primeira página de Tucídides (diz Hume) é o único começo de toda história verdadeira.

Sobre a paz perpétua: um projeto filosófico
(1795)

"*A paz perpétua.*" Essa inscrição satírica constava no letreiro de uma pousada holandesa, junto com a pintura de um cemitério. Mas não nos daremos ao trabalho de conjecturar se ela se aplicaria aos *seres humanos* em geral ou aos chefes de Estado em particular, que nunca chegam a saciar-se de guerras, ou exclusivamente aos filósofos que sonham com esse doce devaneio. O autor do presente ensaio, porém, faz de antemão uma ressalva: visto que o político prático está em bons termos com o teórico — apesar de, do alto de seu desdém, lhe direcionar olhares de superioridade, como se o teórico fosse um erudito acadêmico cujas ideias ocas não ofereceriam o menor risco ao Estado, pois este deve estar fundado nos princípios da experiência, ou um jogador principiante cujos onze pinos podem ser derrubados de uma só vez sem que se demande nenhum grande esforço da parte do estadista, *conhecedor do mundo* —, no caso de conflito entre eles, o político prático deve proceder com coerência e eximir-se de afirmar que vislumbra nas opiniões do teórico, aventadas ao acaso e manifestadas publicamente, qualquer perigo para o Estado. Com essa salvaguarda (*clausula salvatoria*), o autor se considerará expressamente protegido, e da melhor forma, de toda interpretação mal-intencionada.

Primeira seção
A qual contém os artigos preliminares para a paz perpétua entre os Estados

1. "Não se deve considerar válido nenhum acordo de paz que tenha sido concluído com a reserva secreta de pretexto para uma guerra futura."

Pois, nesse caso, ele representaria um simples armistício, um adiamento das hostilidades, e não a *paz*, que significa o fim de todas as hostilidades; ademais, acrescentar-lhe o epíteto *perpétua* é um pleonasmo suspeito. As causas existentes para uma guerra futura, ainda que possam ser, no momento, desconhecidas até dos negociadores, são todas aniquiladas pelo tratado de paz, mesmo que se possa tentar extraí-las, com a mais engenhosa perícia, de documentos de arquivo. A reserva (*reservatio mentalis*) quanto a velhas pretensões a fazer valer no futuro, às quais, no momento, nenhuma das partes faz menção porque estão ambas demasiado esgotadas para prosseguir a guerra (com a perversa vontade, contudo, de aproveitar a primeira ocasião favorável para a elas recorrer), pertence à casuística jesuítica e não corresponde à dignidade dos governantes, da mesma forma que tampouco corresponde à dignidade de um ministro ser complacente com tais deduções, se se levar em conta o assunto em si mesmo.

Se, no entanto, a verdadeira honra do Estado, segundo os conceitos ilustrados da prudência política, encontrar-se no contínuo incremento do poder, seja por quais meios for, então tal juízo parecerá acadêmico e pedante.

2. "Nenhum Estado independente (grande ou pequeno, tanto faz) pode ser adquirido por outro mediante herança, troca, compra ou doação."

Um Estado não é um patrimônio (*patrimonium*) (ao contrário do solo em que ele tem sua sede); é uma sociedade de pessoas, na qual ninguém deve mandar e da qual ninguém deve dispor, além dela mesma. Como um tronco, ele tem sua própria raiz, e enxertá-lo em outro Estado significa suprimir sua existência como pessoa moral e reduzi-lo a uma coisa — o que contradiz, por conseguinte, a ideia do contrato originário, sem a qual é impossível pensar[1] quaisquer direitos de um povo. Todos sabem a que perigo se expôs a Europa (pois tal prática é desconhecida em outras partes do mundo), até os tempos mais recentes, por conta dessa pressuposição de que os Estados poderiam contrair matrimônio entre si — trata-se tanto de um novo tipo de artifício para se alcançar um poder avassalador, mediante alianças entre famílias, sem dispêndio de forças, quanto de uma forma de ampliar as possessões territoriais. Deve-se incluir aqui, igualmente, a cessão das tropas de um Estado a outro contra um inimigo não comum, pois em tal caso usa-se e abusa-se dos súditos à vontade, como se fossem meras ferramentas.

3. "Os exércitos permanentes (*miles perpetuus*) devem, com o tempo, desaparecer por completo."

Pois ameaçam sem cessar os outros Estados com a guerra, devido à sua disposição de parecerem sempre preparados para ela; incitam os Estados a superar uns aos outros em quantidade de indivíduos armados, um número que jamais conhece limite. E, uma vez que os custos relacionados ao armamento acabam tornando a paz mais custosa do que uma guerra breve, eles próprios se constituem como causa de ofensivas militares com vistas a se libertarem desse fardo. Ademais, empreender o soldo — pagar para que matem ou que morram — parece implicar um uso dos seres humanos como simples máquinas e instrumentos nas mãos de outrem (do Estado), o que não pode bem harmonizar-se com o direito da humanidade constituído em nossa própria pessoa. Algo de todo distinto é o treinamento militar dos cidadãos, periódico e voluntário, para defenderem a si mesmos e à pátria contra ataques externos. Já a acumulação de um tesouro teria sobre outros Estados efeito igual ao de uma ameaça de guerra, o que os impeliria a um ataque antecipado, se não houvesse a dificuldade de estimar seu custo (pois, dos três poderes, o *militar*, o das *alianças* e o do *dinheiro*, este último seria decerto o instrumento de guerra mais confiável).

4. "Não se devem contrair dívidas públicas em vista da política externa de um Estado."

Não se recrimina a busca de auxílio, fora ou dentro de um Estado, para fomentar a economia do país (melhoria das estradas, estabelecimento de novos povoados, criação de armazéns para prevenir os anos de escassez etc.). Mas um sistema de crédito que funcione como uma máquina de opor as potências entre si, e que cresça ilimitadamente, é sempre um poder financeiro perigoso para a cobrança imediata das dívidas garantidas (mesmo que nem todos os credores o façam ao mesmo tempo). Foi um povo comerciante que, neste século, inventou esse engenhoso sistema — um tesouro para a guerra que, em seu conjunto, supera o tesouro dos demais Estados tomados individualmente e que só se esgotaria por uma drástica redução dos impostos (que, no entanto, pode ser retardada por muito tempo, graças ao estímulo econômico que ele oferece à indústria e ao comércio). Essa facilidade para se levar a cabo uma guerra, unida à tendência dos detentores do poder em fazê-lo — algo que parece inerente à natureza humana —, representa, pois, um grande obstáculo à paz perpétua. Há, portanto, ainda mais razão para se proibir esse tipo de endividamento externo mediante o estabelecimento de um artigo preliminar, pois, ao fim e ao cabo, a inevitável bancarrota do Estado arrastaria vários outros Estados que, mesmo sem culpa, teriam de enfrentar esse prejuízo público. Por conseguinte, outros Estados têm ao menos o direito de se coligar contra semelhante Estado e suas pretensões.

5. "Nenhum Estado deve interferir, por meio da força, na constituição e no governo de outro Estado."

O que poderia autorizar tal intervenção? Talvez o escândalo que ele possa representar para os súditos de outro Estado? Mas esse escândalo pode antes servir de alerta, como exemplo do grande mal que um povo trouxe para si mesmo em decorrência da ausência de leis; além disso, o mau exemplo que uma pessoa livre dá a outra não representa (enquanto *scandalum acceptum*) nenhuma lesão desta última. Porém, tratar-se-ia de questão diversa se um Estado, devido a discórdias internas, se dividisse em duas partes, cada uma representando para si um Estado particular e demandando autoridade pelo todo. Nesse caso não se consideraria ingerência um Estado prestar ajuda a uma das partes na constituição de outro Estado (pois, do contrário, reinaria a anarquia). Mas, enquanto esse conflito interno não se resolver, a interferência de potências estrangeiras seria uma violação do direito de um povo independente, que se defronta apenas com sua enfermidade interna; tal ingerência seria, assim, ela mesma um escândalo e poria em perigo a autonomia de todos os Estados.

6. "Nenhum Estado, em tempos de guerra, deve se permitir hostilidades que tornem a confiança mútua na paz futura impossível, como o emprego, no Estado combatido, de sicários (*percussores*), corruptores (*venefici*), desrespeito à capitulação, instigação à traição (*perduellio*) etc."

Trata-se de estratagemas desonrosos. Mesmo em plena guerra deve ainda subsistir alguma confiança na visão de mundo do inimigo, pois do contrário não seria possível alcançar paz alguma e as hostilidades resultariam numa guerra de extermínio (*bellum internecinum*). Afinal, a guerra não passa de um lamentável expediente necessário para afirmar, por meio da força, seu direito em um estado de natureza (no qual não existe nenhum tribunal que tenha autoridade legal para julgar). Nesse caso, nenhuma das partes pode ser declarada inimigo injusto (porque isso pressupõe já uma sentença judicial); então apenas seu desfecho (como o assim chamado "julgamento divino") decide de que lado se encontra o direito; uma guerra de punição (*bellum punitivum*) entre Estados, porém, é algo que não se pode conceber (pois entre eles não existe relação de superioridade ou inferioridade). Disso decorre, por conseguinte, que uma guerra de extermínio, a qual pode acarretar o desaparecimento de ambas as partes e, portanto, também de todo o direito, só possibilitaria a paz perpétua em meio ao vasto cemitério do gênero humano. Logo, não se deve de modo algum permitir semelhante guerra e tampouco o emprego dos meios que a ela conduzem. Que os ditos meios levem inevitavelmente a ela depreende-se do fato de que essas artes infernais, em si mesmas deploráveis, uma vez postas em uso, não se mantêm por muito tempo dentro dos limites da guerra e passam a ser empregadas também em situações de paz — como é o caso, por exemplo, da utilização de espiões (*uti exploratoribus*), em que se tira proveito da desonra *de outros* (que não se pode agora exterminar) —, destruindo-se, assim, todo o propósito delas.

Embora as leis aqui arroladas sejam objetivamente — ou seja, no que diz respeito às intenções dos detentores do poder — *proibitivas* (*leges prohibitivae*), há entre elas, todavia, algumas que são *estritas* (*leges strictae*), o que equivale a dizer que independem das circunstâncias e que demandam que os abusos a que se referem cessem *de imediato* (como nos itens 1, 5, 6). Outras (como os itens 2, 3, 4), embora não constituam exceção à norma jurídica, mas, antes, respeito a ela, admitem, contudo, certa ampliação *subjetiva* de sua competência (*leges latae*), de acordo com as circunstâncias de sua aplicação, e são autorizadas a ter sua execução *adiada* desde que não se perca de vista o fim — o que admitiria, por exemplo, tardar na *restituição* da liberdade subtraída a certos Estados, segundo o item 2, mas não adiá-la para o dia de São Nunca (*ad calendas graecas*, como Augusto costumava prometer), o que equivaleria a uma não restituição, posto que qualquer retardo, nesse sentido, é válido apenas como meio para evitar que a ação ocorra de modo precipitado, frustrando por completo o próprio objetivo proposto. Pois a proibição afeta aqui apenas o *modo de aquisição*, o qual não deve valer para o futuro, mas não a *posse* que, mesmo desprovida do título jurídico requerido, foi em seu tempo (aquele da aquisição putativa) considerada em conformidade com o direito segundo a opinião pública de todos os Estados de então.[2]

Segunda seção
A qual contém os artigos definitivos para a paz perpétua entre os Estados

O estado de paz entre os seres humanos que vivem juntos não é um estado de natureza (*status naturalis*), mas um estado de guerra, isto é, um estado em que, embora nem sempre ocorra uma irrupção de hostilidades, há, sim, uma constante ameaça delas. O estado de paz deve, por conseguinte, ser *instaurado*, pois a mera inexistência de hostilidades não o assegura; e, se os vizinhos não proporcionarem segurança uns aos outros (o que só pode acontecer dentro de um ordenamento *legal*), cada um pode considerar como inimigo o outro que lhe exigisse tal segurança.[3]

PRIMEIRO ARTIGO DEFINITIVO PARA
A PAZ PERPÉTUA
"A CONSTITUIÇÃO CIVIL EM CADA ESTADO
DEVE SER REPUBLICANA."

A constituição *republicana* está fundada, primeiramente, nos princípios da *liberdade* dos membros de uma sociedade (enquanto seres humanos); em segundo lugar, em conformidade com os princípios da *dependência* de todos em relação a uma única legislação comum (enquanto súditos); e, terceiro, de acordo com a lei da *igualdade* dos mesmos (enquanto cidadãos) — esta, que deriva da ideia do contrato originário, é a única na qual se deve basear toda a legislação jurídica de um povo.[4] Esta é, pois, no tocante ao direito, a que por si mesma embasa originariamente todos os tipos de constituição civil; surge agora apenas uma questão: será também ela a única capaz de conduzir à paz perpétua?

Ademais, a constituição republicana, além da pureza de sua origem, isto é, de ter surgido da fonte pura da noção de direito, tem ainda em vista o objetivo almejado, a saber, a paz perpétua, cujo fundamento é o que se segue. Se (como não pode deixar de ser nesta constituição) o consentimento dos cidadãos é requerido para decidir se deve ou não haver guerra, então nada mais natural que tenham de pensar muito antes de dar início a um jogo tão funesto, pois precisam decidir se trarão sobre si todas as tribulações da guerra (como combater entre si mesmos, custear as despesas da guerra do próprio bolso, reconstruir a duras penas a devastação que o conflito deixa atrás de si e, por fim, o maior dos males: arcar com o peso de dívidas que nunca acabarão — em virtude de novas e repetidas guerras —, tornando a paz amarga). Inversamente, numa constituição em que o súdito não é cidadão e que, por conseguinte, não é republicana, a guerra é a coisa mais simples do mundo, posto que o chefe do Estado não é um cidadão do Estado, mas seu proprietário, e que, portanto, a guerra em nada reduz seus banquetes, suas caçadas, os palácios de recreação, as festas cortesãs etc., e pode, assim, decidir declarar guerra como se se tratasse de um tipo de jogo, por causas fúteis, deixando indolentemente sua justificação, a pretexto de decoro, a cargo do corpo diplomático, sempre de prontidão.

Para que não se confunda a constituição republicana com a democrática (como costuma acontecer), deve-se observar o que segue. As formas de um Estado (*civitas*) podem ser classificadas segundo a diferença das pessoas que exercem o supremo poder do Estado, ou segundo o *modo de governar* o povo, seja quem for seu governante. A primeira chama-se efetivamente a forma da *soberania (forma imperii)*, da qual só há três tipos possíveis, ou seja: quando a soberania é exercida por *um só*, ou por *alguns* coligados entre si, ou por *todos*, tomando o conjunto da sociedade civil (respectivamente, *autocracia, aristocracia* e *democracia*; ou poder do príncipe, da nobreza e do povo). A segunda é a forma de governo (*forma regiminis*) e refere-se ao modo, baseado na constituição (no ato da vontade geral pela qual a massa se torna um povo), como o Estado faz uso da plenitude de seu poder: nesse sentido, a constituição é ou *republicana* ou *despótica*. O *republicanismo* é o princípio político da separação entre o poder executivo (governo) e o legislativo; já o despotismo é o princípio da execução arbitrária, pelo Estado, de leis criadas por ele mesmo ante a vontade pública tomada pelo governante como sua vontade privada. Das três formas de Estado, a *democracia* é, no sentido próprio da palavra, necessariamente um *despotismo*, pois estabelece um poder executivo em que todos decidem sobre cada um e, em todo o caso, também contra um (que, por conseguinte, não dá seu consentimento), portanto todos, sem serem de fato todos os que decidem — o que é uma contradição da vontade geral consigo mesma e com a liberdade.

Toda forma de governo que não seja *representativa* é, em termos estritos, uma *deformação*, porque o legislador, em uma só e mesma pessoa, pode ser ao mesmo tempo executor de sua própria vontade (da mesma maneira que o universal da premissa maior em um silogismo não pode ser ao mesmo tempo a subsunção do particular na premissa menor); e, embora as duas outras constituições políticas sejam sempre imperfeitas, por abrirem espaço a uma tal forma de governo, é ao menos possível adotar nelas um modo de governar em conformidade com o *espírito* de um sistema representativo, como Frederico II, que ao menos *dizia* ser ele apenas o primeiro servidor do Estado,[5] algo que a constituição democrática torna impossível, já que todos querem ser soberanos. Pode-se dizer, pois: quanto menos pessoas exercem o poder estatal (o número de dirigentes), tanto maior é sua representatividade, tanto mais a constituição política se aproxima da possibilidade do republicanismo, e se pode esperar que, ao fim e ao cabo, a ele se chegue mediante reformas graduais. Por essa razão, chegar a essa constituição única, plenamente jurídica, é mais difícil na aristocracia do que na monarquia, e impossível na democracia, a não ser mediante uma revolução violenta.

Porém, ao povo interessa mais, incomparavelmente, a forma de governo[6] do que a forma de Estado (embora tenha também muita importância sua maior ou menor adequação àquele fim). À forma de governo em conformidade com a ideia de direito pertence o sistema representativo, o único em que é possível uma forma republicana de governo sem a qual todo o governo é despótico e violento (seja qual for sua constituição). Nenhuma das assim denominadas repúblicas antigas conheceu esse sistema, e acabaram por se dissolver no despotismo, o qual sob o poder supremo de um só é ainda o mais suportável de todos os despotismos.

SEGUNDO ARTIGO DEFINITIVO PARA
A PAZ PERPÉTUA
"O DIREITO DOS POVOS DEVE ESTAR FUNDADO
NUM *FEDERALISMO* DE ESTADOS LIVRES."

Os povos, quando considerados Estados, podem ser tomados como seres humanos singulares que, em seu estado de natureza (isto é, independentes de leis externas), se prejudicam uns aos outros por sua mera coexistência; assim,

SOBRE A PAZ PERPÉTUA

cada um, em busca de segurança, pode e deve exigir do outro que entre com ele numa constituição semelhante à constituição civil, na qual esteja garantido a cada um o seu direito. Isso seria uma *federação de povos* que, no entanto, não deveria ser um Estado de povos. Certamente haveria aí uma contradição, posto que todo Estado implica a relação de um superior (legislador) com um inferior (o que obedece, ou seja, o povo) e que muitos povos num Estado viriam a constituir um só povo, o que contradiz o pressuposto (pois devemos levar em conta, aqui, os diversos *direitos dos povos*, uma vez que chegam a constituir Estados diferentes, sem que devam fundir-se num só).

Da mesma forma que encaramos com profundo desprezo o apego dos selvagens a sua liberdade sem lei, em que optam pela rebelião permanente em vez da sujeição a uma coerção legal instituída por eles mesmos, preferindo uma liberdade ilimitada a uma liberdade racional, e o tomamos por rudeza, grosseria e degradação animal da humanidade, também deveríamos pensar que os povos civilizados (cada qual reunido em um Estado) teriam de se apressar a sair o quanto antes de uma situação tão deplorável: em vez disso, porém, cada Estado define sua majestade (pois majestade do povo é uma expressão absurda) justamente pelo fato de não se sujeitar a nenhuma coação legal externa; e o resplendor do chefe de Estado consiste em ter a suas ordens muitos milhares que, sem ele próprio se expor ao perigo, se deixam sacrificar[7] por algo que em nada lhes diz respeito. A diferença entre os selvagens europeus e os americanos consiste essencialmente nisto: muitas tribos americanas foram devoradas por seus inimigos, ao passo que os europeus sabem tirar melhor proveito de seus vencidos do que devorá-los: antes, preferem aumentar o número de seus súditos, expandindo também a quantidade de instrumentos para guerras ainda mais amplas.

Tendo em vista a malignidade da natureza humana, que se pode ver às claras na livre relação dos povos (ao passo que, no Estado civil legal, se encontra bem camuflada pela coação do governo), é, sem dúvida, de se admirar que a palavra *direito* ainda não tenha sido varrida da política da guerra como pedante, e que nenhum Estado ainda tenha ousado manifestar-se abertamente a favor dessa posição; pois ainda há quem insista em citar ingenuamente Hugo Grócio, Pufendorf, Vattel e outros mais (meros consoladores maçantes). Embora seus códigos, elaborados filosófica ou diplomaticamente, não tenham nem possam ter a mínima força legal (pois os Estados enquanto tais não estão sob nenhuma coação externa comum), são referidos para a *justificação* de um ataque bélico, sem que haja um só exemplo de que alguma vez um Estado tenha abandonado seus objetivos por força de argumentos reforçados com os testemunhos de seres humanos tão importantes.

Essa homenagem que todo Estado presta ao conceito de direito (ao menos nas palavras) mostra que se pode encontrar no ser humano uma disposição moral ainda mais profunda, mesmo que adormecida, para se assenhorear do princípio mau que nele reside (o que não pode negar) e para esperar o mesmo dos demais; pois, de outra forma, a palavra *direito* nunca assomaria à boca dos Estados que querem fazer a guerra uns contra os outros, a não ser em termos de troça, tal como aquele príncipe gaulês afirmava: "A vantagem que a natureza deu ao forte sobre o fraco é que este deve obedecer àquele".

Dado que o modo como os Estados perseguem seu direito nunca pode ser o processo, como num tribunal externo, mas apenas a guerra, e porque o direito não fica decidido por meio dela nem por seu resultado favorável (a *vitória*); e visto que, pelo *tratado de paz*, se põe fim a uma guerra determinada, mas não ao estado de guerra (é sempre possível encontrar um novo pretexto para recomeçar uma guerra, que tampouco se pode declarar injusta, porque em tal situação cada um é juiz em causa própria); e, uma vez que não pode viger nos Estados, segundo o direito dos povos, o que vale para o ser humano no estado sem lei, segundo o direito natural: "é imperativo sair de tal situação" (pois, na condição de Estados, estão dotados de constituição jurídica interna e, por conseguinte, são imunes à coação de outros para que se submetam a uma constituição legal ampliada, em conformidade com seus conceitos jurídicos); e, visto que a razão, do alto do trono do supremo poder legislador moral, condena liminarmente a guerra como via legal e erige, em contrapartida, o estado de paz como dever imediato, que não pode, entretanto, ser estabelecido ou garantido sem um pacto entre os povos: deve, pois, existir uma federação de tipo especial, a que se pode dar o nome de *federação da paz* (*foedus pacificum*) e que se distinguiria do *tratado de paz* (*pactum pacis*), uma vez que este busca acabar com uma guerra, ao passo que aquela procura pôr fim, em definitivo, a todas as guerras. Essa federação não objetiva investir-se do poder de Estado, mas simplesmente manter e garantir a paz de um Estado para si mesmo e, ao mesmo tempo, a dos outros Estados federados, sem que estes devam por isso (como os seres humanos no estado de natureza) submeter-se a leis públicas e a sua coação. É possível representar-se a exequibilidade (realidade objetiva) dessa ideia de *federalismo*, que deve estender-se paulatinamente a todos os Estados e assim conduzir à paz perpétua. Pois se a sorte quiser que um povo forte e ilustrado possa formar uma república (que, por natureza, deve tender para a paz perpétua), esta pode constituir o centro da associação federativa para que outros Estados adiram a ela e assim assegurem o estado de liberdade dos Estados conforme à ideia do direito dos povos, estendendo-se sempre mais, mediante outras adesões.

Pode-se entender que um povo diga: "Não deve haver entre nós guerra alguma, pois queremos formar um Estado, isto é, queremos impor a nós mesmos um poder supremo legislativo, executivo e judiciário, que dirima nossos conflitos de maneira pacífica". Se, porém, este Estado proclamar: "Não deve haver guerra alguma entre mim e os outros Estados, embora eu não reconheça nenhum poder legislativo supremo que assegure o meu direito e ao qual eu garanta seu direito", então já não é possível entender, em absoluto, sobre quais bases pretendo estabelecer a confiança em meu direito, se não existe o substituto da federação das sociedades civis, a saber, o federalismo livre, que a razão deve necessariamente vincular ao conceito do direito dos povos, se é que ainda restaria dele alguma coisa para pensar.

No que se refere ao conceito de direito dos povos enquanto direito *para* a guerra, não é possível, de fato, pensar nada (porque seria um direito que determina o que é justo segundo máximas unilaterais do poder, e não segundo leis externas, universalmente válidas, restritivas da liberdade do indivíduo). Por tal conceito dever-se-ia entender o seguinte: que os seres humanos assim intencionados recebem o que merecem, se se aniquilarem uns aos outros e, por conseguinte, encontrarem a paz perpétua no profundo túmulo que recobre todos os horrores da violência e os seus autores. Segundo a razão, os Estados com relações recíprocas não têm outra opção para sair da situação sem leis, que inclui guerras sem fim, senão a de se acomodar a leis públicas coercitivas, do mesmo modo que os seres humanos singulares abrem mão de sua liberdade selvagem (sem leis), e assim constituir um *Estado de povos* (*civitas gentium*), que, em permanente expansão, englobaria por fim todos os povos da Terra. No entanto, se não o quiserem, mantendo sua ideia do direito dos povos e rejeitando assim *in hipothesi* o que está correto *in thesi*, não se conseguirá conter a corrente propensão para a injustiça e a hostilidade com a ideia positiva de uma *república mundial* (se é que não se porá tudo a perder), prevalecendo um sucedâneo *negativo* de uma *federação*, permanente e em contínua expansão, que seja antagônica à guerra, ainda que sob o perigo constante de sua irrupção ("*Furor impius intus* [...]/ *fremit horridus ore cruento*",* Virgílio).[8]

TERCEIRO ARTIGO DEFINITIVO PARA
A PAZ PERPÉTUA
"O *DIREITO COSMOPOLITA* DEVE ESTAR LIMITADO
ÀS CONDIÇÕES DA HOSPITALIDADE UNIVERSAL."

Trata-se aqui, bem como nos artigos anteriores, não de filantropia, mas de *direito*. Nesse contexto, *hospitalidade* significa o direito de um estrangeiro a não ser tratado com hostilidade por ter ingressado no território de outrem. Ele pode ser rechaçado, se for possível fazê-lo sem lhe causar prejuízo, mas, enquanto ele se portar tranquilamente onde quer que esteja, não deve ser tratado com hostilidade. O forasteiro, por sua vez, não conta com nenhum *direito de hóspede* ao qual possa recorrer (pois, para tanto, seria preciso um contrato especialmente generoso que fizesse dele hóspede por certo tempo), mas sim um *direito de visita*, que assiste a todos os seres humanos para se apresentarem à sociedade, em virtude do direito da propriedade comum da superfície da Terra, sobre a qual, enquanto superfície esférica, os seres humanos não podem dispersar-se até o infinito, mas devem suportar-se uns aos outros lado a lado, pois na origem ninguém tem mais direito do que qualquer outro a estar num determinado lugar da Terra. Partes inabitáveis desta superfície, o mar e os desertos, dividem essa comunidade, mas o *barco* ou o *camelo* (o barco do deserto) tornam possível aproximar-se por cima destas regiões sem dono e exercer o *direito à superfície*, comum à espécie humana, para um possível intercâmbio. É con-

---

* "O ímpio Furor [...], [com] a boca a espumar só de sangue, esbraveja" (*Eneida*, I, versos 294-6, trad. Carlos Alberto Nunes. Brasília: Editora da UnB, 1983). (N. E.)

trária ao direito natural, portanto, a inospitalidade das costas marítimas (por exemplo, das costas barbarescas), que rouba os barcos nos mares próximos ou que escraviza os marinheiros naufragados, bem como a inospitalidade dos desertos (dos beduínos árabes), que considera a proximidade às tribos nômades um direito de saqueá-las; no entanto, o direito de hospitalidade, isto é, a faculdade dos estrangeiros recém-chegados, não vai além das condições de possibilidade para *tentar* um intercâmbio com os habitantes originários. Desse modo, regiões do mundo que são afastadas umas das outras podem estabelecer entre si relações pacíficas, as quais acabarão por se tornar legais e públicas, podendo assim aproximar o gênero humano, cada vez mais, de uma constituição cosmopolita.

Se, nesse sentido, for comparada com isso a conduta *inospitaleira* dos Estados civilizados da nossa região do mundo, sobretudo o comportamento dos comerciantes, provoca aversão a injustiça que eles revelam ao *visitar* países e povos estrangeiros (o que para eles equivale a *conquistá-los*). A América, os países dos negros, as ilhas das especiarias, o Cabo etc. eram considerados, quando de sua descoberta, territórios que não pertenciam a ninguém, pois os habitantes representavam o mesmo que nada para os forasteiros. Nas Índias Orientais (Industão), introduziram tropas estrangeiras sob o pretexto de visarem apenas ao estabelecimento de entrepostos comerciais; com as tropas, porém, levaram a cabo a opressão dos nativos, a instigação de seus diversos Estados a guerras muito amplas, a fome, a rebelião, a perfídia e mais o que a ladainha de todos os males que afligem o gênero humano possa conter.

A China[9] e o Japão (*Nipon*), que tinham lidado com semelhantes hóspedes, sabiamente concederam o acesso, mas não a entrada, no caso da China, e só o acesso limitado, no caso do Japão, a um único povo europeu, os holandeses, os quais, no entanto, como se faz a prisioneiros, estão excluídos do convívio com os nativos. O pior de tudo isso (ou, do ponto de vista de um juiz moral, o melhor) é que não estão satisfeitos com tal atitude violenta que conduziram todas essas sociedades comerciais ao ponto de uma ruína iminente; que as ilhas do açúcar, sede da mais violenta e deliberada escravidão, não geram nenhum autêntico benefício, mas servem apenas a um único propósito e, claro está, não muito recomendável, a saber, a formação dos marujos para as frotas de guerra, portanto também para as guerras na Europa; e tudo isso por potências que pretendem fazer muitas obras por piedade e almejam considerar-se eleitas dentro da ortodoxia, ao mesmo tempo que bebem a injustiça feito água.

Ora, com o estabelecimento de uma comunidade (mais estreita ou mais ampla) entre os povos da Terra, chegou-se a que a violação do direito em *um* lugar da Terra é sentida em *todos* os outros, pelo que se tem a ideia de um direito cosmopolita não ser nenhuma representação fantástica e descabida do direito, mas um complemento necessário de código não escrito, tanto do direito estatal como do direito dos povos e de um direito público de todos os seres humanos, e, assim, também da paz perpétua, de cuja contínua aproximação só é possível regozijar-se sob essa condição.

Primeiro suplemento
Da garantia da paz perpétua

O que assegura essa *garantia* é nada menos do que a própria grande artista *natureza* (*natura daedala rerum*), de cujo curso mecânico transparece uma clara teleologia: através da discórdia dos seres humanos, fazer surgir a harmonia, mesmo contra a vontade deles. Por essa razão, também se chama isso de *destino*, como uma causa compulsória que nos é desconhecida nos efeitos produzidos segundo suas leis, e de *providência*[10] em referência a uma causa suprema, determinada pelo propósito objetivo do gênero humano e predeterminante do devir do mundo, causa esta que não temos como efetivamente *conhecer* nos artifícios da natureza e nem mesmo *inferir* a partir deles, mas (como em *toda* a relação da forma das coisas com fins em geral) que somente podemos, e devemos, *projetar mentalmente*, para formar um conceito de sua possibilidade, por analogia com a arte humana. Representar a relação e a consonância dessa causa com o fim que a razão nos prescreve imediatamente (o fim moral) consiste numa *ideia* que é, no plano *teórico*, ousada; no plano prático, porém, encontra-se bem fundada tanto na perspectiva dogmática como em sua realidade (por exemplo: utilizar mecanismos da natureza sob a égide do conceito de dever da *paz perpétua*). O uso da palavra *natureza*, já que aqui se trata apenas de *teoria* (e não de religião), é também mais apropriado aos limites da razão humana (que se deve manter, no tocante à relação dos efeitos com suas causas, nos limites da experiência possível) e mais *modesto* do que a expressão de uma *providência* para nós reconhecida e com a qual pretensiosamente se tomariam as asas de Ícaro, a fim de se acercar do mistério de seu desígnio imperscrutável.

Ora, antes de determinarmos mais precisamente essa garantia, será preciso examinar as circunstâncias que a natureza instaurou para as pessoas que atuam em seu grande cenário — circunstância que torna necessária, em última instância, a garantia da paz — e somente em seguida examinar o modo como ela assegura tal garantia.

A ordenação provisória da natureza consiste em que: 1) ela dispôs que os seres humanos pudessem viver em todos os quadrantes do mundo; 2) através da *guerra*, levou-os mesmo às regiões mais inóspitas, para as povoar; 3) também por meio da guerra, obrigou-os a instaurar relações mais ou menos legais. É digno de admiração que, nos desertos gelados do oceano Polar Ártico, cresça, apesar de tudo, o musgo que a *rena* escava de sob a neve, para ela mesma tornar-se o alimento ou também o transporte do ostíaco ou samoiedo; é também digno de admiração que os desertos de areia salina contem com o *camelo*, que parece ter sido criado para atravessá-los, de forma a não os deixar sem utilidade. Destaca-se, contudo, de maneira mais evidente, a finalidade da natureza quando se contemplam, nas orlas do oceano Ártico, além dos animais de pelagem, as focas, as morsas e as baleias que proporcionam a seus habitantes alimentos com sua carne e calor com seu óleo. A disposição da natureza suscita, porém, ainda maior admiração por fazer flutuar até essas regiões sem flora a madeira (sem que se saiba ao certo de onde vem), sem a qual não poderiam construir suas carroças, nem suas armas ou mesmo erigir cabanas; a luta contra a fauna os ocupa bastante e, por conseguinte, vivem em paz entre si. Mas o que os *levou* até ali não deve ter sido outra coisa senão a guerra. O primeiro instrumento de guerra que, entre todos os animais, o ser humano aprendeu a domar e a domesticar, na época do povoamento da Terra, foi o *cavalo* (pois o elefante pertence a uma época posterior, a saber, à época do luxo de Estados já estabelecidos); a arte de cultivar certas classes de plantas, chamadas cereais, cuja natureza original já não conhecemos, assim como a reprodução e o melhoramento das *variedades de frutas* mediante transplante e enxerto (na Europa, talvez só de dois gêneros: a macieira e a pereira) só poderiam aparecer em Estados já estabelecidos, onde existisse uma propriedade fundiária garantida, depois que os seres humanos, anteriormente numa liberdade sem lei, foram compelidos da vida de *caça*,[11] pesca e pastoreio para a *agricultura*; ademais, com a descoberta do sal e do ferro, talvez os primeiros artigos mais procurados no intercâmbio comercial dos diferentes povos, graças ao qual estabeleceram entre si uma *relação pacífica* e instauraram uma relação mútua de compreensão, comunidade e convivência pacífica com os povos mais distantes.

Ao dispor que os seres humanos pudessem viver por toda a Terra, a natureza quis igual e despoticamente que eles *devessem* viver, mesmo contra a inclinação deles, e sem que esse *dever* pressupusesse, ao mesmo tempo, um conceito de dever que os vinculasse mediante uma lei moral; para alcançar esse fim, a natureza escolheu a guerra. Vemos, por um lado, povos que manifestam na unidade de sua língua a unidade de sua origem, como os samoiedos no oceano Ártico, e, por outro, um povo com uma língua semelhante nas montanhas Altaicas, separados entre si por 321 quilômetros; entre eles intrometeu-se pela força um outro povo, o mongol, povo de cavaleiros e, portanto, guerreiro, forçando assim a dispersão de uma parte daquela raça para longe desta, para as inóspitas regiões geladas, onde certamente não se teriam espalhado por inclinação própria.[12] O mesmo se passa com os *finlandeses* na região setentrional da Europa, os chamados *lapões*, agora tão afastados dos *húngaros*, mas com eles aparentados pela língua, separados, entretanto, pela irrupção dos povos góticos e sármatas; e que outra coisa pode ter impelido os *esquimós* (talvez os aventureiros europeus mais antigos, uma raça inteiramente diversa de todas as americanas) para o norte, e os *fueguinos*, no sul da América, para a Terra do Fogo, senão a guerra, de que a natureza se serve como meio de povoar a Terra em todos os quadrantes? A guerra mesma, contudo, não precisa de um motivo particular, pois parece estar enxertada na natureza humana e, aparentemente, impõe-se até como algo nobre, a que o ser humano é incitado pelo impulso da honra sem motivos egoístas; pelo que a *intrepidez guerreira* é considerada de nobre valor (tanto pelos selvagens americanos como pelos europeus, na época da cavalaria) não só *quando há guerra* (o que é razoável), mas também se considera de grande valor *que haja guerra* e, com frequência, inicia-se uma apenas para demonstrar tal intrepidez; por isso, atribui-se à guerra em si mesma uma dignidade intrínseca, a tal ponto que alguns filósofos chegam a tecer dela elogio como se fosse um enobrecimento da humanidade, esquecendo-se do dito de certo grego: "A guerra é má, porque produz mais gente má do que extermina". Até aqui é a história do que a natureza faz *para seu próprio fim*, considerando o gênero humano uma espécie animal.

Surge agora a questão que concerne ao essencial do propósito da paz perpétua: o que a natureza faz nesse desígnio com relação ao fim que a razão impõe ao ser humano como dever, para a promoção, portanto, de sua *intenção moral*, e como ela afiança a garantia de que aquilo que o ser humano *deveria* fazer segundo as leis da liberdade, mas que não faz, fique assegurado de que fará, por força de coação da natureza, sem causar dano a essa liberdade e, decerto, em observância das três relações do direito público: o *direito político*, o *direito dos povos* e o *direito cosmopolita*. Quando digo que a natureza quer que isto ou aquilo ocorra não significa que ela nos imponha um *dever* de o fazer (pois tal só pode ser feito pela razão prática isenta de coação), mas que ela própria o *faz*, queiramos ou não (*fata volentem ducunt, nolentem trahunt*).

1. Mesmo que um povo não tenha sido compelido, por discórdias internas, a submeter-se à coação de leis públicas, a guerra o obrigaria a fazê-lo indiretamente, pois, segundo a predisposição natural antes mencionada, todo povo encontra diante de si outro povo, que se impõe como vizinho e contra o qual se deve constituir internamente num *Estado* para assim, como *potência*, estar armado contra ele. Ora, a constituição *republicana* é a única perfeitamente adequada ao direito dos seres humanos, mas é também a mais difícil de estabelecer e mais ainda de manter, a tal ponto que muitos afirmam que deve ser um Estado de anjos, pois os seres humanos, com suas propensões egoístas, não estão aptos a uma constituição de arranjo tão sublime. Mas agora a natureza corre em socorro da vontade geral fundada na razão — respeitada, mas, na prática, impotente — e acorre justamente por intermédio das propensões egoístas, de modo que a orientação de suas forças dependa só de uma boa organização do Estado (a qual, com efeito, se encontra no âmbito das capacidades do ser humano), a fim de que uma detenha a outra em sua ação destrutiva ou então que a suprima. Para a razão, o resultado é como se essas propensões nem sequer existissem, de modo que o ser humano é forçado a ser um bom cidadão, mesmo que não esteja obrigado a ser um ser humano moralmente bom. O problema do estabelecimento do Estado, por mais duro que soe, tem solução, mesmo para um povo de demônios (contanto que possuam entendimento), e se enuncia assim: "organizar uma multidão de seres racionais que, em conjunto, exigem para sua conservação leis universais, das quais, porém, cada um

tende secretamente a se eximir, e a estabelecer sua constituição de modo tal que estes, malgrado oporem-se uns aos outros em suas preferências particulares, contêm-se reciprocamente, de forma que o resultado de sua conduta pública é o mesmo, como se não tivessem tais propensões más". Tal problema deve ser *solucionável*. Não se trata, com efeito, do aperfeiçoamento moral dos seres humanos, mas apenas do mecanismo da natureza, cuja aplicação ao ser humano constitui tarefa para se saber como articular o antagonismo de suas propensões belicosas no seio de um povo de modo que se obriguem mutuamente a submeter-se a leis coercitivas, instaurando assim o estado de paz em que as leis têm força. Isso também pode ser observado nos Estados existentes, organizados ainda muito imperfeitamente, pois se aproximam muito do que prescreve a ideia de direito, em sua conduta externa, malgrado não ser causa disso o cerne da moralidade (como tampouco é causa da boa constituição do Estado; pelo contrário, é desta última que se deve esperar, antes de mais nada, a boa formação moral de um povo). Por conseguinte, o mecanismo da natureza, através das propensões egoístas, que naturalmente se chocam também externamente, pode ser utilizado pela razão como um meio de abrir espaço para seu próprio fim — o ordenamento jurídico — e assim também, tanto quanto dependa do próprio Estado, de fomentar e garantir tanto a paz interna quanto a externa. Isso significa, pois, que a natureza *quer*, imperativamente, que o direito conserve, em última instância, a supremacia. O que não se faz, aqui e agora, por negligência, far-se-á afinal por si mesmo, embora com muita inconveniência. "Se a cana é dobrada em demasia, quebra; e quem demasiado quer, na verdade, nada quer" (Bouterweck).

2. A ideia do direito dos povos pressupõe a *separação* de muitos Estados vizinhos, independentes entre si; e, embora semelhante circunstância já seja em si uma situação de guerra (se uma associação federativa entre eles não

evitar a irrupção de hostilidades), é no entanto melhor, segundo a ideia da razão, do que sua fusão sob uma potência que controlasse as demais e se transformasse numa monarquia universal; porque as leis, com o aumento do alcance do governo, perdem progressivamente sua força, e também porque um despotismo sem alma, após haver exterminado os germes do bem, acaba por desembocar na anarquia. No entanto, a aspiração de todo Estado (ou de sua autoridade suprema) é instalar-se numa situação de paz duradoura que abranja, se possível, o mundo inteiro. Mas a *natureza quer* outra coisa. Ela se serve de dois meios para evitar a amálgama dos povos e os separar: a diferença das *línguas* e das *religiões*;[13] essa diferença traz consigo, sem dúvida, a propensão para o ódio recíproco e o pretexto para a guerra. O incremento da cultura e a aproximação gradativa dos seres humanos a uma maior concordância nos princípios levam, contudo, à convivência em uma paz gerada e assegurada não mediante o enfraquecimento de todas as forças, como se dá no despotismo (o cemitério da liberdade), mas através de seu equilíbrio, na mais vivaz emulação.

3. Assim como a natureza sabiamente separa os povos, que a vontade de cada Estado gostaria de unir a si mediante astúcia ou violência, recorrendo até ao direito dos povos, une ela assim também, por outro lado, povos que o conceito do direito cosmopolita não teria protegido contra a violência e a guerra, mediante proveito recíproco próprio. É o *espírito comercial*, que não pode coexistir com a guerra e que, mais cedo ou mais tarde, se apodera de cada povo. Uma vez que, dentre todos os poderes (meios) subordinados ao poder do Estado, o *poder do dinheiro* bem poderia ser o mais confiável, os Estados veem-se compelidos (com certeza não por móbeis da moralidade) a fomentar a nobre paz e, através de negociações, a evitar a guerra, sempre que esta ameace irromper em qualquer parte do mundo, como se integrassem uma

aliança estável, pois as grandes coalizões para a guerra, por sua própria natureza, só podem ocorrer muito raramente e, ainda com bem menos frequência, lograr êxito. Desse modo, a natureza garante a paz perpétua através do mecanismo das próprias inclinações humanas; decerto com uma segurança que não é suficiente para *predizer* (teoricamente) o futuro, mas que basta, no entanto, ao propósito prático e faz do trabalho para esse fim (não simplesmente quimérico) um dever.

Segundo suplemento
Artigo secreto para a paz perpétua

Um artigo secreto nas negociações do direito público, objetivamente, isto é, considerado segundo seu conteúdo, é uma contradição; subjetivamente, contudo, isto é, segundo a qualidade da pessoa que o dita, pode muito bem conter um segredo, se esta achar inconveniente para sua dignidade manifestar-se publicamente como sua autora.

O único artigo desse tipo está contido na seguinte proposição: *"as máximas dos filósofos sobre as condições de possibilidade da paz pública devem ser levadas em consideração pelos Estados equipados para a guerra"*.

No entanto, a autoridade legisladora de um Estado, ao qual se deve naturalmente atribuir a maior sabedoria, pareceria depreciada se devesse procurar conselho junto a seus *súditos* (os filósofos) acerca dos princípios de seu comportamento em relação aos demais Estados; não obstante, é muito aconselhável fazê-lo. O Estado *convidá-los-á*, pois, *tacitamente* (fazendo disso, portanto, um segredo), o que significa *deixá-los falar* livre e publicamente sobre as máximas gerais da condução da guerra e do estabelecimento da paz (pois já farão isso por si mesmos, se não lhes for proibido); e a convergência dos Estados entre si acerca desse ponto tampouco precisa de entendimento especial para se atingir esse efeito, pois ele já reside na própria obrigação proveniente da razão humana universal (legisladora moral). Não se afirma aqui, contudo, que o

Estado deve conceder prioridade aos princípios do filósofo em detrimento das declarações do jurista (representante do poder estatal), mas que aquele seja *ouvido*. O jurista, que adotou como símbolo a *balança* do direito e a *espada* da justiça, costuma servir-se desta última não só para preservar a balança de qualquer influência externa, mas também para a pôr na balança, quando um dos pratos não quiser baixar (*vae victis!*); a esse respeito, o jurista — que não é também filósofo (mesmo segundo a moralidade) — sente a maior tentação, porque é próprio de seu ofício aplicar apenas as leis existentes, mas não investigar se estas carecem de melhoramento, e atribui um nível elevado a sua faculdade, que de fato é inferior, por estar dotada de poder (como também acontece nos outros dois casos). Abaixo desse poder associado, a filosofia se situa em um patamar muito inferior. Afirma-se assim que a filosofia, por exemplo, é *serva* da teologia (e o mesmo se diz acerca das outras duas). Mas não se vê muito bem "se ela vai à frente de sua digna senhora com a tocha ou se a segue, carregando a cauda".

Não é de esperar nem de desejar que os reis filosofem ou que os filósofos se tornem reis, porque a posse do poder corrompe de maneira inevitável o livre juízo da razão. Para a elucidação de seus assuntos é imprescindível, contudo, que ambos — reis ou povos soberanos (que governam a si mesmos segundo leis de igualdade) — não deixem desaparecer ou emudecer a classe dos filósofos, mas que lhe permita falar publicamente, pois essa classe, por sua própria natureza, é incapaz de mancomunações e de formação de bancadas, e imune à difamação por *propaganda*.

Apêndice I
Sobre a discrepância entre a moral e a política com relação à paz perpétua

A moral já é, em si mesma, uma prática em sentido objetivo, enquanto conjunto de leis incondicionalmente obrigatórias, segundo as quais *devemos* agir. É uma incoerência patente, após ter-se atribuído autoridade a esse conceito de dever, pretender dizer ainda que não se *pode* cumprir. Se assim fosse, esse conceito sairia, por si só, do âmbito da moral (*ultra posse nemo obligatur*); por conseguinte, não pode existir conflito entre a política, enquanto doutrina do direito aplicado, e a moral, como doutrina do direito, ainda que teórica (não podendo existir, pois, nenhum conflito entre a teoria e a práxis): esta última deveria ser entendida como uma *teoria geral da prudência*, isto é, uma teoria das máximas para escolher os meios mais adequados a seus propósitos, aquilatados segundo sua vantagem, isto é: negar que existe uma moral em geral.

A política diz: "*Sede prudentes como a serpente*"; a moral acrescenta (como condição restritiva): "*e sem falsidade, como as pombas*". Se as duas coisas não podem coexistir num preceito, então há realmente um conflito entre a política e a moral; mas, se ambas devem estar unidas, então é absurdo o conceito do contrário e nem sequer se pode pôr como tarefa a questão de como superar tal conflito. Embora a proposição "*a honradez é a melhor política*" contenha uma teoria que, infelizmente muitas vezes, a prática contradiz, a proposição, igualmente teórica, *"a honradez é melhor do que toda a política"*, que se sobrepõe infinitamente a qualquer objeção, é condição ineludível desta última. O deus-término da moral não recua perante Júpiter (o deus-término do poder), pois este se encontra ainda submetido ao destino, isto é, a razão não está suficientemente esclarecida para abarcar a série das causas predeterminadas que, segundo o mecanismo da natureza, permite anunciar, antecipadamente e com segurança, o desfecho bem ou malsucedido das ações e omissões dos homens (embora permita esperá-lo na conformidade da harmonia com o desejo). A razão, contudo, nos ilumina em todos os pontos com clareza suficiente para sabermos o que temos de fazer a fim de permanecermos na senda do dever (segundo as regras da sabedoria) e alcançarmos o fim último.

Ora, o prático (para quem a moral é mera teoria) funda sua desconsolada negação da nossa benévola esperança (mesmo admitindo o *dever* e o *poder*) precisamente em pretender antever, a partir da natureza do ser humano, que este *jamais* quererá o que se demanda para alcançar o fim que leva à paz perpétua. Como a vontade de *todos os seres humanos individualmente* de viverem em uma constituição jurídica segundo os princípios da liberdade (a unidade *distributiva* da vontade de *todos*) decerto não é suficiente para tal propósito, é necessário que *todos em conjunto* queiram tal situação (a unidade *coletiva* da vontade de todos); a resolução dessa árdua tarefa é requerida igualmente para que se constitua a sociedade civil como um todo. Posto que se deve acrescentar ainda à diversidade do querer particular uma causa unificadora, de modo a suscitar uma vontade comum, o que nenhum querer particular consegue, não se deve contar, na *execução* de tal ideia (na prática), com nenhum outro início do estado jurídico a não ser pela *força*, cuja coação fundará ulteriormente o direito público. Isso permite, pois, contar antecipadamente com grandes desvios daquela ideia (da

SOBRE A PAZ PERPÉTUA

teoria) na experiência real (já que não é possível contar com a disposição moral do legislador de deixar, após uma multidão inculta haver-se transformado em povo, que este instaure uma constituição jurídica por vontade própria).

Isso significa que aquele que tem o poder nas mãos não permitirá que o povo lhe imponha leis. Um Estado, uma vez em situação de não se sujeitar a nenhuma lei externa, com respeito ao modo como deve buscar seu direito contra outros Estados, não admitirá tornar-se dependente de seu tribunal. E mesmo uma parte do mundo, quando se sente superior a outra que, de resto, nem mesmo se encontra em seu caminho, não deixará de usar os meios de fortalecer seu poder, seja por espoliação ou mesmo pela dominação da outra parte. Assim, pois, se esvaem em ideais vazios e impraticáveis todos os planos da teoria acerca do direito público, do direito dos povos e do direito cosmopolita; em contrapartida, uma prática fundada nos princípios empíricos da natureza humana, que não considera demasiado inferior tirar, do modo como as coisas ocorrem no mundo, ensinamentos para suas máximas, é a única que poderia esperar encontrar um fundamento sólido para seu edifício da prudência política.

Certamente, quando não existe liberdade nem lei moral sobre ela fundada, mas tudo o que acontece ou pode acontecer é simples mecanismo da natureza, então a política (enquanto arte de utilizar tal mecanismo para o governo dos seres humanos) é toda a sabedoria prática, e o conceito de direito, um pensamento vazio. No entanto, caso se considere inelutavelmente necessário associar tal pensamento à política e, mais ainda, elevá-lo à condição limitante desta, deve-se então admitir a compatibilidade de ambos. Posso pensar, decerto, um *político moral*, isto é, um ser humano que assume os princípios da prudência política de modo tal que eles possam coexistir com a moral, mas não posso pensar um *moralista político*, que forja uma moral útil à conveniência de um homem de Estado.

O político moral adotará para si este princípio: se alguma vez na constituição de um Estado ou nas relações entre Estados forem encontradas deficiências que não se conseguiu impedir, é dever sobretudo dos chefes de Estado ponderar como elas poderiam, tão logo quanto possível, ser corrigidas e compatibilizadas com o direito natural, tal como se apresentam a nossos olhos como modelo, na ideia da razão, mesmo que ao custo do sacrifício do amor-próprio. Ora, visto que a ruptura do vínculo de uma união estatal ou cosmopolita, antes de dispor de uma constituição melhor que a substitua, é contrária a toda a prudência política em conformidade com a moral, seria absurdo exigir que aquelas deficiências fossem erradicadas imediata e abruptamente; o que se pode exigir dos detentores do poder é que, ao menos, estejam intimamente interessados pela máxima da necessidade de semelhante correção para se manterem sempre próximos do fim almejado (a melhor constituição segundo as leis jurídicas). Um Estado também já pode *governar-se* à maneira republicana, ainda que possua, segundo a constituição vigente, um *poder soberano* despótico, até que o povo se torne progressivamente capaz de receber a influência da simples ideia da autoridade da lei (como se esta possuísse força física) e, por conseguinte, se encontre habilitado a adotar por si mesmo uma legislação própria (que originariamente se funda no direito). Mesmo que, pela violência de uma *revolução* causada por uma constituição ruim, se houvesse logrado, de modo ilegítimo, obter uma constituição mais conforme à lei, não se deveria por isso considerar permitido fazer o povo retroceder novamente à constituição anterior, embora durante a vigência desta quem perturbasse a ordem com violência ou ardis estivesse justamente submetido às sanções aplicáveis ao rebelde. No tocante às relações exteriores dos Estados, contudo, não se pode exigir de um Estado que abandone sua constituição, ainda que despótica (que é, não obstante, a mais forte ante os inimigos externos), enquanto corre o perigo de ser imediatamente engolido por outros Estados; por isso, tendo em vista tal propósito, deve admitir também o adiamento da execução até momento mais oportuno.[14]

Sempre pode acontecer que os moralistas despóticos (que falham na execução) infrinjam de diferentes maneiras a prudência política (mediante medidas adotadas ou recomendadas precipitadamente). Dessa forma, nessa infração contra a natureza, é a experiência que os deve conduzir, pouco a pouco, a uma via melhor. Em vez disso, os políticos moralizantes, recorrendo a princípios políticos contrários ao direito, sob pretexto de uma natureza humana *incapaz* do bem, segundo a ideia que a razão lhe prescreve, tornam impossível o melhoramento, no que deles depender, e perpetuam a violação do direito.

No lugar da práxis, de que esses astutos políticos se vangloriam, lidam eles com *práticas* que se voltam contra o povo — quando não contra o mundo todo —, pois só pensam em bajular o poder dominante daquele momento (para não perderem seus privilégios pessoais), à maneira de verdadeiros juristas quando sobem à política (juristas de ofício, não de *legislação*). Como não lhes é próprio ficar elucubrando sobre a legislação, mas sim aplicar os preceitos vigentes do *direito territorial*, pois a constituição legal ora existente deve ser para eles sempre a melhor, mesmo quando modificada por uma instância superior, pois assim tudo se encontra na devida ordem mecânica. Mas, se essa habilidade de se adaptar a todas as circunstâncias lhes inspirar a ilusão de também poderem julgar os princípios de uma *constituição política* em geral, segundo os conceitos do direito (portanto a priori, e não empiricamente); se se arvorarem em conhecedores dos *seres humanos* (o que por certo é de esperar, pois têm de lidar com muitos) sem no entanto conhecerem o *ser humano* e o que se pode fazer dele (para o que se requer a perspectiva superior da observação antropológica) —

munem-se de tais conceitos e se debruçam sobre o direito público e o direito dos povos, tal como a razão o prescreve, mas só poderão fazer tal transição com espírito de *chicana*, pois obedecem a seu procedimento habitual (o de um mecanismo que funciona segundo leis coercitivas despoticamente dadas), mesmo quando os conceitos da razão querem apenas fundar a coação legal segundo os princípios da liberdade, coação por meio da qual apenas é possível uma constituição política em conformidade com o direito. O pretenso prático pensa resolver esse problema empiricamente, deixando de lado aquela ideia, a partir da experiência de como foram instituídas as constituições vigentes até ao momento, mesmo que, em sua maioria, sejam contrárias ao direito. As máximas de que se serve (embora, sem dúvida, não as enuncie em voz alta) se inserem, mais ou menos, nas seguintes máximas sofistas.

1. *Fac et excusa.* Aproveita a ocasião favorável para te apossares arbitrariamente (ou de um direito do Estado sobre seu povo ou sobre outro povo vizinho); a justificação será muito mais fácil e elegante *depois do fato* — e pode camuflar a violência (sobretudo no primeiro caso, em que o poder supremo interno é também a autoridade legislativa a que se deve obedecer, sem usar de sutilezas a seu respeito) — do que seria caso se buscasse, antes, refletir sobre motivos convincentes e preparar-se quanto aos contra-argumentos. Essa audácia confere mesmo certa aparência de convicção interior à legitimidade do ato, e o deus *bonus eventus* é, em seguida, o melhor advogado.

2. *Si fecisti nega.* Nega que seja culpa *tua* o que tu mesmo cometeste, por exemplo, para levar teu povo ao desespero e assim à revolta; afirma, pelo contrário, que a culpa reside na rebeldia dos súditos ou, se te apoderas de um povo vizinho, a culpa há de ser da natureza do ser humano, o qual, se não se antecipa ao outro com violência, pode estar certo de que este tomará a frente e submetê-lo-á.

3. *Divide et impera.* Isto é, se há, em meio a teu povo, certos líderes privilegiados que simplesmente te escolheram como chefe supremo (*primus inter pares*), desune-os e afasta-os do povo; fica então ao lado deste sob pretexto de maior liberdade e assim tudo dependerá da tua vontade absoluta. Em se tratando de Estados exteriores, criar discórdia entre eles é um meio bastante seguro de os submeteres a ti um após outro, sob a aparência de apoiares o mais fraco.

Tais máximas políticas já não enganam mais ninguém, pois são todas amplamente conhecidas; mas tampouco é o caso de se envergonhar delas, como se a injustiça saltasse aos olhos com toda a evidência — até porque as grandes potências nunca se envergonham do juízo da multidão comum, mas apenas se encabulam umas diante das outras. No tocante àqueles princípios, não a revelação pública, mas somente seu *fracasso* pode envergonhá-las (pois, quanto à moralidade das máximas, estão todas de acordo), pelo que lhes resta sempre a *honra política*, com a qual certamente podem contar, a saber, a honra do *incremento de seu poder*, seja por que via for que o tenham obtido.[15]

De todas essas manobras tortuosas de uma teoria imoral da prudência para instaurar o estado de paz entre os seres humanos, a partir do estado de guerra próprio à natureza, depreende-se ao menos que os seres humanos não podem furtar-se ao conceito de direito nem em suas relações privadas, nem nas públicas, e que não se atrevem a fundar abertamente a política apenas nas manobras da prudência e tampouco a recusar toda obediência ao conceito de um direito público (o que é surpreendente sobretudo ao se observar o direito dos povos); pelo contrário, prestam-lhe, enquanto tal, todas as devidas honras, embora devam também inventar centenas de desculpas e manobras para dele escapar na prática e atribuir falsamente ao poder ardiloso a autoridade de ser a origem e o vínculo de todo o direito. Para pôr fim a esse sofisma (embora não à injustiça por ele dissimulada) e levar os falsos *representantes* dos poderosos da Terra a confessar que não falam em prol do direito, mas sim da força, da qual assumem o tom, como se eles mesmos tivessem aqui algo a ordenar, será bom revelar a ilusão com que enganam a si e aos outros, descobrir e mostrar o princípio supremo de que provém o propósito da paz perpétua: que todo o mal com que depara em seu caminho decorre de o moralista político começar justamente no ponto em que o político moral acaba, subordinando assim os princípios aos fins (isto é, pondo o carro na frente dos bois), o que faz malograr sua intenção de conciliar a política com a moral.

Para conciliar a filosofia prática consigo mesma é necessário resolver previamente a questão de se se deveria partir, nos problemas da razão prática, de seu *princípio material*, o *fim* (como objeto do arbítrio), ou, antes, de seu *princípio formal*, isto é, o princípio (baseado apenas na liberdade da relação externa) que enuncia: age de tal modo que possas querer que tua máxima se torne uma lei universal (seja qual for o fim que se possa querer).

Não resta dúvida de que esse princípio deve ter precedência, então, como princípio de direito, dotado de necessidade incondicionada; inversamente, o primeiro princípio só é forçoso sob o pressuposto das condições empíricas do fim proposto, a saber, de sua realização, e, se esse fim (por exemplo, a paz perpétua) fosse também um dever, teria de ser ele próprio deduzido do princípio formal das máximas para a ação externa. Ora, o primeiro princípio, o do *moralista político* (o problema do direito político, do direito dos povos e do direito cosmopolita), é um simples problema técnico (*problema technicum*), enquanto o segundo, como princípio do *político moral*, é para ele um problema moral (*problema morale*), diametralmente diverso do outro no que se refere ao procedimento para instituir a paz perpétua, que se deseja agora não apenas como um bem físico, mas igualmente como um estado decorrente do reconhecimento do dever.

Para a solução do primeiro problema, ou seja, o problema da prudência política, requer-se amplo conhecimento da natureza, com vistas a utilizar seu mecanismo para o fim pensado. No entanto, todo esse conhecimento é incerto quanto a seu resultado no que diz respeito à paz perpétua, tomando-se ora uma, ora outra das três divisões do direito público. É incerto se o povo, internamente e por longo período, poderia ser mantido de melhor forma em obediência e, ao mesmo tempo, em bem-estar mediante o rigor ou a adulação da vaidade, ou pelo poder supremo de um único indivíduo, ou através da união de vários chefes, ou talvez graças a uma nobreza de corte ou, ainda, ao poder do povo. Há, na história, contraexemplos para todas as formas de governo (exceto para a autêntica forma republicana, única que pode vir à mente de um político moral). Ainda mais incerto é um *direito dos povos* supostamente fundado sobre convenções estabelecidas por diretrizes ministeriais — direito que, na realidade, é apenas uma palavra sem conteúdo e que se baseia em contratos que contêm, no ato mesmo de sua celebração, a ressalva secreta para sua transgressão. Ao revés, a solução do segundo problema, o da *sabedoria do Estado*, impõe-se, por assim dizer, por si mesmo, pois leva diretamente a sua finalidade, no caso de esta ser plausível e converter em vergonha todo artifício; contudo, retomando-se a prudência, não se deve precipitar o fim por meio da força, mas, antes, acercar-se dele perseverantemente, aproveitando-se das circunstâncias favoráveis.

Isso significa, então: "buscai antes de mais nada o reino da razão pura prática e sua *justiça* — assim vosso fim (o benefício da paz perpétua) vos será dado por si mesmo". Pois a moral possui em si a peculiaridade — e decerto, no que tange a seus princípios do direito público (portanto em relação a uma política cognoscível a priori) — de que, quanto menos fizer depender o comportamento acerca do fim proposto da vantagem almejada, seja ela física ou moral, tanto mais se há de tornar congruente com ele. Tal se dá justamente em virtude da vontade geral dada a priori (em um povo ou na relação de vários povos entre si), única a determinar o que é de direito entre os seres humanos. Essa união da vontade de todos, no entanto, só pode ser ao mesmo tempo a causa capaz de produzir o efeito almejado e de levar a bom termo o conceito do direito se for praticada consequentemente, de acordo com o mecanismo da natureza. Constitui assim um exemplo do princípio da política moral que um povo se deva associar em um Estado, segundo os conceitos exclusivos de liberdade e de igualdade; tal princípio não se funda na prudência, mas no dever. Ora, por mais que os moralistas políticos possam especular sobre o mecanismo natural de uma multidão humana que entra em sociedade, mecanismo que debilitaria aqueles princípios e frustraria sua intenção, ou por muito que tentem demonstrar suas afirmações mediante exemplos de constituições mal organizadas de tempos antigos e recentes (por exemplo de democracias sem sistema representativo), não merecem ser ouvidos — sobretudo porque uma teoria tão perniciosa acarreta justamente o mal que prenuncia; de fato, segundo tal teoria, o ser humano é lançado para a classe das demais máquinas vivas, às quais mal sobraria ainda a consciência de não serem seres livres, a fim de se tornarem, segundo seu próprio juízo, os mais miseráveis de todos os seres no universo.

A frase, decerto algo retumbante — tornada proverbial, mas que é verdadeira —, "*fiat justitia, pereat mundus*", pode ser traduzida assim: "reine a justiça e pereçam todos os escroques deste mundo". Trata-se de um princípio arrojado de direito que corta todos os caminhos sinuosos traçados pela malícia ou pela violência. Só que não cabe interpretá-lo mal, como uma autorização para apli-

SOBRE A PAZ PERPÉTUA   81

car o próprio direito com o máximo rigor (o que se oporia ao dever ético); o princípio deve ser entendido como a obrigação dos detentores do poder de não recusar a ninguém seu direito, nem de o restringir por ojeriza ou compaixão por outrem; para isso, requer-se sobretudo uma constituição interna do Estado em conformidade com os princípios puros do direito e, em seguida, também sua união com outros Estados vizinhos ou distantes, em vista da conciliação legal de suas controvérsias (tal qual um Estado universal). Essa proposição nada mais diz do que o seguinte: que as máximas políticas não devem derivar do bem-estar ou da felicidade de cada Estado, esperada como consequência de sua aplicação; que não derivam, por conseguinte, do fim que cada Estado estabelece para si como objeto (do querer), enquanto princípio supremo (mas empírico) da sabedoria política, mas sim do conceito puro do dever jurídico (do dever, cujo princípio a priori é dado pela razão pura), sejam quais forem as consequências materiais decorrentes. O mundo de nenhum modo perecerá por haver menos seres humanos maus. O mal moral tem a propriedade, inseparável de sua natureza, de contradizer a si mesmo e de destruir-se em suas intenções (sobretudo em relação aos que pensam da mesma maneira) e dá assim lugar, embora mediante um lento progresso, ao princípio (moral) do bem.

Objetivamente (na teoria), não há, pois, conflito nenhum entre a moral e a política. Em contrapartida, *subjetivamente* (na propensão egoísta dos seres humanos que, por não estar fundada nas máximas da razão, ainda não se deve chamar prática), ocorre e sempre pode ocorrer esse conflito, porque serve de estímulo à virtude, cuja verdadeira coragem (segundo o princípio: *tu ne cede malis sed contra audentior ito*) não consiste tanto, no caso presente, em se contrapor com firme propósito aos males e sacrifícios que devem ser aceitos, mas em encarar de frente o mau princípio que habita em nós mesmos, muito mais perigoso, enganador e traiçoeiro — capaz, ademais, de elucubrações e de pretextos para a debilidade da natureza humana como justificação de toda transgressão —, e em vencer seus ardis.

Com efeito, o moralista político pode dizer: o governante e o povo, ou um povo e outro, não cometem injustiça *um contra o outro* quando, pela violência ou mediante artimanha, guerreiam entre si, embora, sem dúvida, cometam injustiça quando negam o devido respeito ao conceito de direito, que é o único que poderia embasar a paz para sempre. Se a transgressão de um com respeito a seu dever para com o outro, que por sua vez também nutre contra aquele as mesmas disposições contrárias ao direito, os levar a se destroçar mutuamente, é muito justo que isso lhes *suceda*, mas de modo tal que sempre reste o bastante de uma raça para que esse jogo não cesse até as épocas mais distantes, a fim de que uma descendência tardia veja neles o exemplo de uma advertência. A providência no curso do mundo fica assim justificada, pois o princípio moral nunca se extingue no ser humano; e a razão, pragmaticamente capaz de efetivar as ideias jurídicas segundo aquele princípio, cresce continuamente em virtude do progresso constante da cultura, embora com ela se intensifique também a culpa das transgressões. Nem mesmo a gênese parece justificar, mediante qualquer teodiceia, que tenha de existir na Terra uma tal laia de seres corrompidos (se admitirmos que o gênero humano jamais será nem poderia ser mais bem constituído); mas uma perspectiva de juízo como essa é para nós demasiado elevada para que possamos submeter nossos conceitos (de sabedoria) ao poder supremo que, do ponto de vista teórico, nos é insondável. Seremos inevitavelmente impelidos a essas consequências desesperadas se não admitirmos que os princípios puros do direito têm realidade objetiva, isto é, podem ser efetivados; por conseguinte, tanto o povo no Estado como os Estados entre si devem lidar com eles, seja qual for a objeção que a política empírica possa lhes fazer. A verdadeira política, por conseguinte, não pode dar um único passo sem antes ter rendido preito à moral. E, embora a política seja por si mesma uma arte difícil, sua união com a moral de modo algum é arte, pois esta rompe o nó que aquela não consegue desatar, sempre que divirjam. O direito dos seres humanos deve ser considerado sagrado, por maior que seja o sacrifício que custe ao poder dominante. Não é possível dividir aqui em duas partes e inventar um meio-termo (entre direito e utilidade) de um direito condicionado pragmaticamente, mas toda a política deve se dobrar diante do direito, podendo, no entanto, esperar alcançar, embora lentamente, um estágio em que brilhará de forma duradoura.

Apêndice II
Da concordância da política com a moral segundo o conceito transcendental do direito público

Se eu abstrair de toda a *matéria* do direito público (segundo as diversas relações dos seres humanos empiricamente dadas no Estado, ou também dos Estados entre si), como habitualmente a concebem os juristas, ainda me restará a *forma da publicidade*, cuja possibilidade está contida em toda pretensão jurídica e sem a qual não haveria, pois, justiça alguma (que só pode ser pensada enquanto *publicamente manifesta*); por conseguinte, tampouco haveria direito, que só existe se instituído pela justiça.

Toda pretensão jurídica deve ter essa possibilidade de ser tornada pública. E, visto que se pode muito facilmente atestar se ela ocorre de fato em um caso dado, isto é, se ela pode ou não ser harmonizada com os princípios do agente, pode-se então encontrar a priori na razão um critério pertinente e de fácil utilização para reconhecer imediatamente, no último caso, por assim dizer mediante um experimento da razão pura, a falsidade (ilegalidade) da pretensão projetada (*praetensio juris*).

Após semelhante abstração de todo o empírico contido nos conceitos de direito político e de direito dos povos (por exemplo, a maldade da natureza humana, que torna necessária a coação), pode-se designar a seguinte proposição como *fórmula transcendental do direito público*:

"São injustas todas as ações que se referem ao direito de outros seres humanos e cuja máxima não se harmonize com a publicidade."

Esse princípio deve ser considerado tanto *ético* (pertencente à doutrina da virtude), quanto *jurídico* (concernente ao direito dos seres humanos). Pois uma máxima que eu não possa manifestar em *voz alta* sem frustrar ao mesmo tempo minha própria intenção, que deva permanecer inteiramente *secreta* se quiser ser bem-sucedida, e que eu não possa *confessar publicamente* sem provocar de modo inevitável a oposição de todos ao meu propósito, uma máxima assim só pode acarretar uma reação necessária e universal de todos contra minhas intenções, cognoscível a priori, por causa da injustiça com que ameaça a todos. É, ademais, puramente *negativa,* ou seja, por seu intermédio fica-se sabendo apenas o que *não é justo* para com os demais. Tal como um axioma, é indemonstravelmente certa e, com isso, fácil de aplicar, como se pode ver nos seguintes exemplos do direito público.

1. *Com relação ao direito político* (*ius civitatis*), ou seja, o direito interno, tem-se uma questão que muitos consideram difícil de responder e que o princípio transcendental da publicidade soluciona com bastante facilidade: "Será a rebelião o meio legítimo para que um povo rechace o poder opressivo do assim chamado tirano (*non titulo, sed exercitio talis*)?". Os direitos do povo são espezinhados e a deposição dele (do tirano) não lhe faz injustiça alguma; não há qualquer dúvida quanto a isso. Não obstante, é sumamente injusto que os súditos reivindiquem assim seu direito, não podendo tampouco se queixar de injustiça se forem derrotados nessa luta e tiverem, depois, de suportar a mais dura pena.

Aqui, pode-se especular muito, a favor e contra, no caso de se pretender resolver a questão por meio de uma

SOBRE A PAZ PERPÉTUA

dedução dogmática dos fundamentos do direito; o princípio transcendental da publicidade do direito público, contudo, pode poupar dessa tagarelice. De acordo com ele, o próprio povo se pergunta, antes do estabelecimento do pacto civil, se ele se atreveria a tornar pública a máxima do propósito de uma eventual sublevação. Vê-se com facilidade que, se quisesse impor como condição, na instituição de uma constituição política, o uso da força contra o soberano, em determinadas circunstâncias, o povo deveria arrogar-se um poder legítimo sobre ele. Mas, então, ele não seria soberano ou, se ambos se pusessem a si mesmos como condição da instauração do Estado, este não seria possível — o que, no entanto, era o propósito do povo. A injustiça da rebelião fica patente, pois, quando sua máxima, se *confessada publicamente*, torna inviável seu próprio objetivo. Caberia, assim, mantê-la, inevitavelmente, secreta. Isso, contudo, não se aplicaria necessariamente à autoridade suprema. Ela pode anunciar livremente que punirá toda sublevação com a morte dos cabecilhas, embora estes continuem a crer que tal autoridade tenha sido a primeira a transgredir a lei fundamental; pois, se ela está consciente de possuir o supremo poder *irresistível* (o que se deve supor em toda a constituição civil, pois a que não tem poder bastante para, em um mesmo povo, proteger uns dos outros, tampouco tem o direito de comandar), não deve se preocupar com que a publicação de suas máximas frustre seus propósitos; do que decorre que, se a rebelião do povo triunfar, aquela autoridade suprema deve retornar à situação de súdito, sem incitar uma contrarrevolução para recuperar o poder, nem tampouco deve recear que lhe exijam a prestação de contas por causa de seu governo pregresso.

2. *Com relação ao direito dos povos*. Só se pode falar do direito dos povos sob o pressuposto de algum esta-

tuto jurídico (isto é, uma condição externa sob a qual se possa atribuir realmente um direito ao ser humano); porque, enquanto direito público, ele requer em seu conceito a publicização de uma vontade geral que determine o que é próprio a cada um, e esse *status iuridicus* deve emanar de algum contrato que não pode estar fundado em leis coercitivas (como aquele que institui um Estado), mas que pode ser, quando muito, o contrato de uma associação *constantemente livre*, como o caso da federação de vários Estados mencionada anteriormente. Com efeito, sem um *regime jurídico* que vincule ativamente as distintas pessoas (físicas ou morais), no estado de natureza, não pode haver nada mais que um direito privado. Surge aqui também um conflito entre política e moral (tomada como doutrina do direito), em que o critério da publicidade das máximas encontra igualmente fácil aplicação apenas quando o contrato vincula os Estados com o propósito de manterem a paz entre si e perante os outros, e de modo algum para fazerem conquistas. Surgem então os casos de antinomia entre política e moral apresentados a seguir junto com suas respectivas soluções.

a) "Se um desses Estados prometeu ao outro alguma coisa como ajuda, ou a cessão de certos territórios, ou subsídios e afins, cabe perguntar se, no caso de estar em jogo a salvação do Estado, ele poderá dispensar-se da palavra empenhada, por querer ser considerado uma dupla pessoa, primeiro como *soberano*, já que não é responsável perante ninguém em seu Estado, e, em seguida, apenas como o supremo *funcionário do Estado*, que deve prestar contas somente ao Estado: tem-se assim a conclusão de que aquilo a que ele se vinculou na primeira qualidade não o obriga na qualidade de funcionário do Estado." Mas, se um Estado (ou seu chefe) manifestasse em voz alta essa máxima, qualquer outro se afastaria dele ou se aliaria a outros para resistir a suas pretensões; isso demonstra que a política, com toda sua astúcia, frustra seus propósitos quando se estabelece sobre essa base (da publicidade), pelo que aquela máxima só pode ser injusta.

b) "Se uma potência vizinha, desenvolvida até uma dimensão temível (*potentia tremenda*), suscitar preocupações, pode-se supor que, justamente porque *pode*, também *quererá* oprimir, e isso dará às menos poderosas o direito de atacá-la (em conjunto), mesmo sem haver uma ofensa prévia?" Um Estado que quisesse *tornar pública* sua máxima em sentido afirmativo só causaria o mal ainda mais certa e rapidamente. Pois a potência maior se anteciparia à menor e, no tocante à união das últimas, não passaria de frágil caniço para aquele que sabe aplicar o *divide et impera*. Essa máxima da habilidade política tornada pública destrói necessariamente, pois, seu próprio propósito; logo, é injusta.

c) "Se um Estado menor, em virtude de sua situação, romper a dependência que tem de um maior, do qual, porém, necessita para sua própria conservação, não terá este o direito de o submeter e anexar?" Vê-se facilmente que o maior não deve deixar transparecer previamente semelhante máxima, pois ou os Estados menores depressa se uniriam, ou outras potências lutariam por tal presa; logo, a máxima torna-se inexequível em virtude de sua publicidade — sinal de que é injusta e de que também o pode ser em grau muito elevado; pois o fato de ser pequeno o objeto da injustiça não impede que a injustiça manifestada seja muito grande.

3. Quanto ao *direito cosmopolita*, passo aqui em silêncio, porque suas máximas, em virtude de sua analogia com o direito dos povos, são fáceis de indicar e de apreciar.

O princípio da incompatibilidade entre as máximas do direito dos povos e a publicidade bem evidencia a *falta de consonância* entre a política e a moral (como doutrina do direito). É preciso saber agora sob que condição suas máximas coincidem com o direito dos povos. Com efeito, não se pode concluir, inversamente, que as máximas que toleram a publicidade são justas por si mesmas, pois quem detém o poder supremo de decisão não precisa ocultar suas máximas. A condição de possibilidade de um direito dos povos enquanto tal é que exista previamente um *contexto jurídico*. Sem este, de fato, não há direito público algum, pois todo direito que se possa pensar fora daquele (no estado de natureza) é mero direito privado. Ora, vimos antes que uma federação de Estados, cujo propósito é simplesmente evitar a guerra, constitui o único *regime jurídico* compatível com sua *liberdade*. Por conseguinte, a consonância da política com a moral só é possível em uma união federativa (que é igualmente necessária e está dada a priori, segundo os princípios do direito), e toda prudência política tem como base jurídica a instauração dessa federação com a maior amplidão possível; sem tal fim, toda a habilidade política é ignorância e injustiça veladas. Essa pseudopolítica tem sua própria *casuística*, a despeito da melhor escola jesuítica — a *reservatio mentalis*: redigir os tratados públicos com expressões tais que possam eventualmente ser interpretadas como bem se entender (por exemplo, a diferença entre *status quo de fait* e *de droit*), em benefício próprio; o *probabilismo*: atribuir sutilmente más intenções aos outros, ou converter a probabilidade de um possível desequilíbrio seu em fundamento jurídico para a submissão de outros Estados pacíficos; por fim, o *peccatum philosophicum* (*pecatillum, bagatelle*): considerar uma bagatela facilmente perdoável a conquista de um Estado pequeno, se por esse meio um Estado muito maior for favorecido em vista de um pretenso mundo melhor.[16]

O impulso para tal é dado pela duplicidade da política no que se refere à moral, ao colocar um ou outro ramo desta a serviço de seus propósitos. O amor aos seres humanos e o respeito pelo *direito* dos seres humanos são ambos deveres; mas o primeiro é um dever condicionado; em contrapartida, o segundo é um dever *incondicionado*, absolutamente imperativo, com respeito ao qual quem quiser entregar-se ao doce sentimento da benevolência deve estar seguro de não o haver transgredido. A política concorda facilmente com a moral no primeiro sentido (como ética), ao sacrificar o direito dos seres humanos a seus superiores; mas com respeito à moral no segundo sentido (como doutrina do direito), perante a qual devia se dobrar, a política prefere não comprometer-se com pacto nenhum, negar-lhes antes toda a realidade e interpretar todos os deveres como atos de mera benevolência; a filosofia facilmente faria fracassar essa perfídia de uma política tenebrosa mediante a publicidade de suas máximas, se ela ousasse apenas conceder ao filósofo a publicidade das suas.

A esse propósito, sugiro um outro princípio transcendental e positivo do direito público, cuja fórmula seria esta:

"Todas as máximas que *necessitam* de publicidade (para não frustrarem seu fim) concordam simultaneamente com o direito e com a política."

Com efeito, se elas podem alcançar seu fim tão só pela publicidade, devem então estar conformes com o fim universal do público (a felicidade), pois é tarefa própria da política estar em consonância com esse fim (deixar o público satisfeito com sua situação). Mas, se esse fim só pode ser alcançado pela publicidade, isto é, através da eliminação de toda desconfiança quanto a suas máximas, então também estas devem estar em concordância com o direito do público, pois apenas no direito é possível a união dos fins de todos. Devo deixar para outra ocasião a demonstração e a explicação subsequentes desse princípio; adianto apenas que se trata de uma fórmula transcendental, que se deve depreender a partir da eliminação de todas as condições empíricas (da doutrina da felicidade) enquanto matéria da lei, e partir da simples consideração da forma da legalidade universal.

Se existe um dever e, ao mesmo tempo, uma fundada esperança de tornar efetivo o Estado de um direito público, ainda que apenas numa aproximação progressiva ao infinito, então a *paz perpétua*, que se segue aos até agora falsamente chamados tratados de paz (propriamente, armistícios), não é uma ideia vazia, mas uma tarefa que, resolvida pouco a pouco, se aproxima constantemente de sua meta (pois é de se esperar que os tempos em que se produzem tais progressos se tornem cada vez mais curtos).

Notas

1. Um reino hereditário não é um Estado que possa ser herdado por outro Estado; apenas o direito a governá-lo pode ser herdado por outra pessoa física. O Estado adquire, nesse caso, um governante, mas o governante, como tal (isto é, um que já possua outro reino), não adquire o Estado.

2. Até agora, questionou-se, e não sem fundamento, se poderiam existir, além das leis prescritivas (*leges preceptivae*) e proibitivas (*leges prohibitivae*), também leis permissivas (*leges permissivae*) da razão pura. Pois as leis em geral encerram uma motivação de necessidade prática objetiva, ao passo que a permissão contém um fundamento para a contingência prática de certas ações; por isso, uma *lei permissiva* representaria uma coerção a uma ação à qual não se pode obrigar ninguém, o que seria uma contradição se o objeto da lei tivesse o mesmo significado em ambos os casos. Aqui, no caso da lei per-

missiva, a suposta proibição refere-se apenas ao modo de aquisição futura de um direito (por exemplo mediante herança), ao passo que o levantamento da proibição, isto é, a permissão, se refere à posse presente, o que, na transição do direito natural para o civil, perdurou, segundo uma lei permissiva do direito natural, como uma posse honesta (*possessio putativa*), mesmo não estando em conformidade com o direito. Porém, uma posse putativa, tão logo seja reconhecida como tal, é proibida no estado de natureza do mesmo modo que um tipo semelhante de aquisição é proibido no estado civil subsequente (após a transição). A possibilidade de uma posse duradoura não existiria se houvesse ocorrido uma aquisição putativa no estado civil, pois, nesse caso, uma vez revelada sua não conformidade com o direito, ela seria obrigada a cessar de imediato, ou, de outro modo, constituir-se-ia como uma ofensa.

Busquei, com isso, apenas chamar incidentalmente a atenção, aqui, dos professores de direito natural para o conceito de uma *lex permissiva*, que se apresenta como tal a uma razão sistematicamente tipificadora. Faz-se uso amiúde de tal conceito, sobretudo no direito civil (estatutário), com a diferença de que a lei proibitiva se sustenta por si mesma, ao passo que a permissão não entra como condição limitante (como deveria) naquela lei, mas é relegada às exceções. Ou seja: proíbe-se isto ou aquilo, *excetuando-se* os itens 1, 2, 3 e assim indefinidamente, pois as permissões só entram na lei de modo casual, de acordo não com um princípio, mas com casos concretos. De outra forma, teria sido necessário que as condições fossem introduzidas no *enunciado da lei proibitiva*, o que a transformaria em lei permissiva. Assim, é de lamentar que se tenha abandonado tão rapidamente o problema — bastante intrincado, mas ainda sem resolução — do igualmente sábio e solerte conde Windischgrätz, que apontava justamente para a última. Pois a possibilidade de uma tal fórmula (semelhante às fórmulas matemáticas) é a única e genuína pedra de toque de uma legislação que resta consequente, sem a qual

94   IMMANUEL KANT

o chamado *ius certum* permanecerá sempre um honorável desejo. De outro modo, ter-se-ão apenas leis gerais (que valem em geral), mas não leis universais (com eficácia universal), como parece exigir o conceito de lei.

3. Costuma-se supor que não é permitido agir de forma hostil contra ninguém, exceto quando já se tenha sido lesado de fato — o que é também perfeitamente correto quando ambos se encontram num estado civil e legal. Pois o fato de ter ingressado nesse estado proporciona ao outro (mediante a autoridade legal que se sobrepõe a ambos) a segurança requerida. Mas o ser humano (ou o povo), no simples estado de natureza, priva-me dessa segurança e, por ser meu vizinho, já me prejudica em virtude precisamente desse estado, se não efetivamente (facto), pelo menos devido à ausência de leis de seu estado (*statu iniusto*), que constitui para mim uma ameaça constante; assim, posso obrigá-lo ou a ingressar comigo num estado legal comum ou a afastar-se da minha vizinhança. Logo, o postulado que subjaz a todos os artigos seguintes é este: Todos os seres humanos que se podem influenciar reciprocamente devem pertencer a alguma constituição civil. Toda a constituição jurídica, no tocante às pessoas por ela regidas, é, contudo:

1. Uma constituição segundo o direito civil dos seres humanos num povo (*ius civitatis*);

2. segundo o direito dos povos dos Estados em suas relações recíprocas (*ius gentium*);

3. uma constituição segundo o direito cosmopolita, pois, uma vez que os seres humanos e os Estados se encontram em relação externa de influência recíproca, devem ser vistos como cidadãos de um Estado universal da humanidade (*ius cosmopoliticum*).

Essa divisão não é arbitrária, mas necessária no que diz respeito à ideia da paz perpétua. Pois, se um desses Estados, em sua relação de influência física sobre os outros, se encontrasse em estado de natureza, isso implicaria o estado de guerra, que é justamente aquilo de que buscamos nos livrar aqui.

4. A liberdade jurídica (externa portanto) não pode ser de-

finida, como é costume fazer, como a permissão de "fazer tudo o que se quiser, contanto que não se cometa injustiça contra ninguém". Pois o que significa permissão? A possibilidade de uma ação, desde que não se cometa, com ela, injustiça contra ninguém. Nesse sentido, a explicação da definição soaria assim: "Liberdade é a possibilidade de ações pelas quais a ninguém se faz injustiça. Não se causa dano a ninguém (faça-se o que se quiser), se e somente se não se fizer dano algum a ninguém": é, portanto, uma tautologia vazia. Minha liberdade exterior (jurídica) deve, antes, explicar-se assim: é a faculdade de não obedecer a quaisquer leis externas às quais não dei meu consentimento. Da mesma forma, a igualdade exterior (jurídica), em um Estado, é a relação mútua entre os cidadãos segundo a qual ninguém pode vincular juridicamente o outro sem também poder ser vinculado pela lei. (Não é necessária nenhuma explicação a propósito do princípio da dependência jurídica, já que este está implícito no conceito de uma constituição política.) A validade desses direitos inatos inalienáveis e necessariamente inerentes à humanidade é confirmada e elevada pelo princípio das relações jurídicas do próprio ser humano com entidades mais altas (quando ele as pensa assim), ao representar-se, segundo esses mesmos princípios, também como um cidadão de um mundo suprassensível. Com efeito, no tocante à minha liberdade, não tenho qualquer obrigação nem mesmo em relação às leis divinas por mim conhecidas através da simples razão, a não ser que eu próprio tenha podido dar meu consentimento (pois é mediante a lei da liberdade da minha própria razão que posso primeiramente formar um conceito da vontade divina). No que diz respeito ao princípio de igualdade em relação ao ser mais supremo do mundo, Deus excetuado, tal como eu o poderia pensar (um grande Éon), não existe fundamento algum para que eu, cumprindo meu dever no meu posto, à maneira que Éon cumpre o dele, tenha simplesmente o dever de obedecer, e aquele, o de ordenar. O fundamento da igualdade (tal como o da liberdade) reside em que este princípio tampouco se aplica à relação com Deus, porque este Ser é o único no qual o conceito de dever deixa de existir.

No que diz respeito ao direito da igualdade de todos os cidadãos enquanto súditos, é necessário contestar, de partida, o questionamento da admissibilidade da nobreza hereditária com base no argumento mencionado — ou seja, se o estatuto concedido pelo Estado (a hierarquia de um súdito em relação ao outro) deve preceder o mérito, ou o contrário. Ora, está claro que, se o estatuto depende do nascimento, nada garante que o mérito (aptidão e lealdade ao cargo) também venha em seguida; por conseguinte, é como se fosse outorgado ao beneficiado (ser chefe) sem qualquer mérito — o que nunca teria sido decidido pela vontade geral do povo num contrato originário (que, por certo, é o princípio de todos os direitos). Pois um nobre não o é necessariamente por ser um homem nobre. No que concerne à nobreza de cargo (como se poderia dizer do estatuto da alta magistratura, ao qual é necessário elevar-se por mérito), o estatuto não é uma propriedade do indivíduo, mas do cargo — o que em nada inflige dano à igualdade, pois quando a pessoa cessa de exercer seu cargo, deixa ao mesmo tempo tal status e retorna ao povo.

5. Com frequência foram criticados como adulações grosseiras e fraudulentas os elevados títulos que amiúde se atribuem a um príncipe (os de ungido por Deus, cumpridor e representante da vontade divina na Terra); porém, a mim tais críticas parecem sem fundamento. Longe de tornarem arrogante o soberano, devem antes deprimi-lo em seu íntimo, se ele possuir entendimento (o que é de se pressupor) e pensar que assumiu um cargo demasiado árduo para um ser humano, isto é, administrar o que Deus tem de mais sagrado sobre a Terra, o direito dos seres humanos, algo que o deve preocupar incessantemente, por se encontrar demasiado próximo do olhar de Deus.

6. Mallet du Pan, com sua linguagem pomposa, mas oca e desprovida de conteúdo, vangloria-se de, após mui-

tos anos de experiência, haver-se enfim convencido da verdade do conhecido lema de Pope: "Deixa os loucos discutir sobre o melhor governo; o que melhor governa é o melhor". Se isso equivale a dizer que o governo que melhor governa é o mais bem governado, Pope, segundo a expressão de Swift, abriu uma noz que só lhe deu um verme; se, porém, significa ser também a melhor forma de governo, isto é, de constituição política, é radicalmente falso; pois exemplos de bons governos nada demonstram sobre a forma de governo. Quem governou melhor do que um *Tito* ou um *Marco Aurélio*? E, no entanto, um deixou como sucessor um *Domiciano*, e o outro, um *Cômodo*; o que não poderia ter acontecido com uma boa constituição política, pois a incapacidade dos últimos para o cargo era conhecida desde muito cedo e o poder do Imperador era também suficiente para os ter desqualificado.

7. Foi esta a resposta que um príncipe búlgaro deu ao imperador grego, que candidamente propunha resolver a querela que os opunha mediante um duelo: "Um ferreiro que dispõe de tenazes não utilizará as mãos para retirar das brasas o ferro ardente".

8. Depois de acabada a guerra, ao alcançar-se a paz, talvez não fosse inconveniente para um povo, após a festa de ação de graças, convocar um dia de penitência para implorar ao céu, em nome do Estado, misericórdia pelo grande pecado que o gênero humano comete reiteradamente ao abdicar de unir-se a outros povos numa constituição legal e ao preferir, orgulhoso de sua independência, o meio bárbaro da guerra (pelo qual, aliás, não se estabelece o que se procura, a saber, o direito de cada Estado). A festa de ação de graças por uma vitória conseguida durante a guerra, os hinos que se cantam ao *senhor dos exércitos* (à boa maneira israelita) contrastam não em menor grau com a ideia moral de pai dos seres humanos; pois, além da indiferença quanto ao modo (que é bastante triste) como os povos buscam seu direito mútuo, acrescentam ainda a alegria de ter aniquilado muitos seres humanos ou a felicidade deles.

98   IMMANUEL KANT

9.   Para escrever o nome pelo qual se autodenomina esse
grande reino (a saber: China, não *Sina* ou outro som
semelhante), pode consultar-se o *Alphab. Tibet*, de
Georgius, pp. 651-4, em particular a nota *b*. Segundo
observação do professor Fischer, de Petersburgo, não
há um nome determinado com que esse reino chame
a si mesmo; o mais habitual ainda é o da palavra *Kin*,
isto é, "ouro" (que os tibetanos exprimem com "ser");
assim, o imperador (do país mais magnífico do mundo)
é chamado de rei do ouro, palavra que bem se poderia
pronunciar *Chin* nesse reino, mas pode ter sido pronunciada *Kin* pelos missionários italianos (por causa
da consoante gutural). Daqui se infere que era a China o país chamado pelos romanos de "País dos Seres".
A seda era trazida para a Europa através do Grande
Tibete (provavelmente através do Pequeno Tibete e de
Bucara, passando pela Pérsia, e assim por diante), o que
leva a algumas considerações acerca da antiguidade
desse surpreendente Estado em comparação com o Industão, na relação com o Tibete e, através deste, com o
Japão; no entanto, o nome de *Sina* ou *Tschina* que lhe
deviam dar os vizinhos deste país não leva a nada. Talvez se possa explicar também o antiquíssimo, se bem
que nunca bem conhecido, intercâmbio da Europa com
o Tibete, a partir do que nos refere Hesíquio quanto ao
grito dos hierofantes Κονξ Ὀμπαξ (Konx Ompax) nos
mistérios de Elêusis (ver *Viagem do jovem Anacársis*,
parte v, pp. 447 ss.). Pois, segundo o *Alphab. Tibet*, de
Georgius, a palavra *concioa* significa deus, e esta palavra tem uma semelhança muito marcante com a de
Konx: *Pah-cio* (ibid. p. 520), que poderia facilmente
ser pronunciada pelos gregos como *pax* — que significa *promulgator legis*, a divindade repartida por toda a
natureza (chamada também *cencresi*, p. 177). Mas *Om*,
que La Croze traduz por *benedictus*, bendito, nada
mais pode significar, em sua aplicação à divindade, do
que bem-aventurado, p. 507.

10.   No mecanismo da natureza, a que o ser humano (como
ser sensível) pertence, manifesta-se uma forma que já

subjaz a sua existência e que não podemos conceber de nenhum outro modo a não ser por supô-la dependente de um fim de um autor do mundo, que a predetermina; chamamos essa predeterminação, em geral, de *providência* (divina); ao passo que aquela que se situa no começo do mundo recebe o nome de providência *fundadora* (*providentia conditrix; semel iussit, semper parent* [A Providência é fundadora; uma vez que ela ordena, sempre se obedece], Agostinho). No entanto, enquanto se mantém o curso da natureza, segundo leis universais teleológicas, damos-lhe o nome de providência *governante* (*providentia gubernatrix*); em relação aos fins particulares, mas não previsíveis pelo ser humano e presumidos apenas a partir do resultado, chamamos-lhe providência *diretriz* (*providentia directrix*); e, por último, no que se refere a alguns acontecimentos singulares, enquanto fins divinos, não a chamamos providência, mas *disposição* (*directio extraordinaria*). Seria, contudo, tola presunção do ser humano querer conhecê-la como tal (na realidade, trata-se de milagres, embora tais acontecimentos não sejam denominados assim), pois inferir de um acontecimento singular um princípio particular de causa eficiente (que este conhecimento seja um fim e não mero efeito colateral do mecanismo natural a partir de outro fim, que nos é totalmente desconhecido) é um disparate e um grande atrevimento, por piedoso e humilde que soe o discurso a esse propósito. Da mesma forma, a divisão da providência (considerada *materialiter*) em *universal* e *particular* quanto aos objetos do mundo é falsa e contraditória em si mesma (porque cuida, por exemplo, da conservação das espécies de criaturas e abandona os indivíduos ao acaso); pois é chamada de universal precisamente para que coisa alguma esteja fora dela. Supostamente, buscou-se aqui classificar a providência (considerada *formaliter*), segundo o modo de realização de seus propósitos, isto é, a providência *ordinária* (por exemplo a morte e o renascimento anual da natureza, ao ritmo da sucessão das estações) e *extraordinária* (como o fornecimento de troncos de madeira aos litorais gelados, onde não podem crescer, aproveitando as correntes marítimas, e sem os quais os habitantes dessas regiões não poderiam viver); eis um caso para o qual, apesar de podermos explicar muito bem as causas físico-mecânicas dos fenômenos (por exemplo, pelo fato de as margens dos rios dos países temperados estarem cobertas de árvores, que neles caem e são levadas para longe por uma espécie de corrente do Golfo), não devemos, em contrapartida, descuidar tampouco da causa teleológica, que remete à previdência de uma sabedoria que governa a natureza. Deve desaparecer, isso sim, o conceito, tão usado nas escolas, de uma intervenção ou concurso divino (*concursus*) na produção de efeitos do mundo dos sentidos. Pois, logo de partida, é contraditório em si mesmo querer equiparar o que não é da mesma natureza (*gryphes jungere equis*) e buscar complementar a causa mesma, perfeita, das transformações do mundo com uma providência especial predeterminante de seu curso (causa que, então, teria sido deficiente) — afirmando, por exemplo, que, por contar com a assistência de Deus, o médico curou o doente. Com efeito, *causa solitaria non juvat*. Por ser Deus o autor do médico e de todos seus medicamentos, todo efeito deveria ser a Ele atribuído, como fundamento originário de todas as coisas, para nós teoricamente inconcebível. Ou também se pode atribuir tudo ao médico, contanto que consideremos esse acontecimento como explicável segundo a ordem da natureza, na cadeia das causas mundanas. Em segundo lugar, tal modo de pensar destrói todos os princípios determinados do ajuizamento de um efeito. Em sentido prático-moral (que diz respeito inteiramente ao suprassensível), todavia, o conceito do *concursus* divino é conveniente e até necessário, em particular, por exemplo, na crença de que Deus suprirá a deficiência da nossa própria justiça, através de caminhos insondáveis por nós, se nossa disposição for genuína e, por conseguinte, não esmorecermos na pugna pelo bem; é evidente, entretanto, que ninguém deve tentar explicar a partir disso uma ação boa (como acontecimento no mundo), o que é

um pretenso conhecimento teórico do suprassensível —
portanto, absurdo.

11. Entre todos os modos de vida, a caça é decerto o mais
oposto a uma constituição estabelecida, porque as famílias, forçadas a isolar-se, logo se tornam estranhas entre si, e assim, dispersas por ingentes bosques, também
depressa se tornam inimigas, já que cada uma precisa
de muito espaço para a obtenção do alimento e do ves-
tuário. A proibição de Noé de consumir sangue (Gênesis
9,4-6) — que, muitas vezes repetida, foi depois transfor-
mada pelos judeo-cristãos em condição para os novos
cristãos vindos do paganismo, se bem que com outro
sentido (Atos 15, 20; 21, 25) — não parece ter sido outra
coisa, em seus primórdios, senão a proibição do ofício
de caçador, no qual pode-se ser levado, com frequência,
a comer carne crua; ao se proibir tal ato, proíbe-se ao
mesmo tempo aquele outro.

12. Poder-se-ia perguntar: se a natureza quis que essas costas árticas não permanecessem inabitadas, o que suce-
deria a seus habitantes quando ela não lhes trouxesse
mais madeira (como é de esperar)? Devemos então crer
que, com o progresso da cultura, os habitantes das regiões temperadas aproveitarão melhor a madeira que
cresce nas margens de seus rios, que já não mais cairá
no caudal, e assim tampouco será levada ao mar. Respondo: os habitantes dos rios Obi, Jenisei, Lena etc.
hão de fornecê-la mediante comércio e trocando por
ela os produtos do reino animal, de que o mar nas costas polares é tão rico, tão logo a natureza os houver
compelido à paz entre eles.

13. Diversidade das religiões: estranha expressão! Tal como
se se falasse também de morais diferentes. Podem, sem
dúvida, existir diferentes tipos de crença que não se dão
na religião, mas na história dos meios utilizados para
seu fomento, aplicados no campo da erudição; e pode
igualmente haver diferentes livros religiosos (Zendaves-
ta, Vedas, Corão etc.); mas só pode existir uma única
religião válida para todos os homens e em todos os tempos. Por conseguinte, as crenças nada mais são do que

um veículo da religião, algo contingente, que pode variar na diversidade dos tempos e dos lugares.

14. Essas são leis permissivas da razão que tendem a conservar a situação de um direito público viciado pela injustiça até que ela amadureça por si mesma ou tenha sido levada à maturação por meios pacíficos; pois qualquer constituição jurídica, ainda que em conformidade com o direito em grau ínfimo, é melhor do que nenhuma; uma vez que uma reforma precipitada a lançaria a seu último destino (a anarquia). A sabedoria política, no estado em que as coisas agora estão, fará, pois, da realização de reformas adequadas ao ideal do direito público um dever: servir-se-á, porém, das revoluções, nos lugares onde a natureza as provoca por si mesma, não para disfarçar uma opressão ainda maior, mas como apelo da natureza a instaurar, por meio de reformas de base, uma constituição legal fundada nos princípios da liberdade, como a única constituição duradoura.

15. Embora se possa duvidar de certa maldade radicada na natureza dos seres humanos que convivem em um Estado e, em vez dela, se possa, com alguma consistência aparente, remeter à carência de uma cultura ainda não suficientemente desenvolvida (a rudeza) como causa das manifestações de seu modo de pensar contrárias ao direito, nas relações externas dos Estados entre si, contudo, essa maldade se manifesta de um modo aparente e incontestável. No âmbito de cada Estado, ela se encontra camuflada pela coação das leis civis, pois a tendência dos cidadãos para a violência recíproca é inibida ativamente por um poder maior, a saber, o do governo, e assim não só fornece ao conjunto um verniz moral (*causae non causae*), mas também, em virtude de impedir a irrupção de tendências contrárias à lei, facilita muito o desenvolvimento da disposição moral no que se refere ao direito. Com efeito, cada um crê por si que consideraria sagrado o conceito de direito e o acataria com fidelidade, se pudesse esperar o mesmo de todos os demais — o que, em parte, o governo lhe garante; dessa forma se deu, pois, um grande passo para a moralidade (se bem

que ainda não um passo moral) ao se aderir a esse conceito de dever por si mesmo, sem esperar qualquer reciprocidade. Mas, visto que cada um, com a boa opinião que tem de si mesmo, pressupõe uma má disposição em todos os demais, o juízo que mutuamente têm de si mesmos é o de que todos, no tocante à realidade, pouco valem (a origem de tal juízo pode permanecer inexplicada, já que não se pode culpar a natureza do ser humano enquanto um ser livre). Já que o ser humano não tem como desrespeitar o conceito de direito, nada lhe resta de mais valioso do que a teoria de sua capacidade para se adequar a ele, pelo que cada um vê então que, quanto a si, deveria agir em conformidade com o direito, seja lá de que modo os demais o queiram observar.

16. Exemplos de tais máximas podem encontrar-se no tratado do conselheiro Garve, *Über die Verbindung der Moral mit der Politik* [Sobre a relação da moral com a política] (1788). Esse respeitável erudito admite já de início que não pode dar uma resposta satisfatória à questão. Dizer ser ela boa, todavia, mesmo confessando não ser possível eliminar por completo as objeções que se levantam contra ela, parece ser uma condescendência maior do que seria aconselhável aceitar em relação aos que estão muito dispostos a utilizar mal tais objeções.

Esta obra foi composta em Sabon por Alexandre Pimenta
e impressa em ofsete pela Geográfica
sobre papel Pólen Natural da Suzano S.A.
para a Editora Schwarcz em outubro de 2022

A marca FSC® é a garantia de que a madeira utilizada na fabricação do papel deste livro provém de florestas que foram gerenciadas de maneira ambientalmente correta, socialmente justa e economicamente viável, além de outras fontes de origem controlada.